わたしもじだいのいちぶです

川崎桜本・ハルモニたちがつづった生活史

康潤伊・鈴木宏子・丹野清人 編著

日本評論社

日差しに包まれる桜本の路地裏。
ささやかな生活の気配が漂う。

ハルモニたちの交流クラブ「トラヂの会」。
皆が集えば、自然とそこに歌と踊りがうまれる。

手づくりの故郷の味を囲んではじまる、
にぎやかな昼時。

識字学級の様子。
一文字一文字をつづっていく
ハルモニのそばに、
共同学習者が寄り添う。

作文を書く前に自分の人生や日々の出来事を語りあう。
ここでは話すこと、聞くこと、
書くことは地続きだ。

はじめに

三浦知人

路地裏で刻まれた生活史

川崎南部、コンビナートの近くに位置する私たちの街・桜本は、関東では比較的有名なコリアン集住地域を形成してきました。一九一〇年代、日本鋼管や浅野セメントなどの大規模な工場が誘致され、臨海部は工業地帯に変わり始めました。川崎南部は「富国強兵政策」を下支えする街として「発展」し、貧困を抱えた沖縄出身者、農閑期に出稼ぎを余儀なくされ、家の相続からも外れた東北や北関東の農村の次男三男、エネルギー政策の転換により閉山した北海道や九州の炭鉱離職者など、近現代史の中で地域生活から弾き飛ばされた人たちが、仕事を求めてやってきました。

こうした中に、日本による朝鮮の植民地支配により渡日を余儀なくされた朝鮮の人々もいました。彼ら・彼女たちは地縁、血縁を頼って日本の各地で助け合って暮らしましたが、川崎では一九二〇年代から、主に慶尚南道周辺につながりのある人たちによりコミュニティが形成されていきます。

そして、時代は一九四五年の日本の敗戦を迎えます。全国各地の朝鮮人は、戦争が終わったこと、朝鮮が解放されたことへの喜びを噛みしめると同時に、大きな生活不安に落とし込まれました。日本人ではなくなったというが、これからも日本にいられるのか、帰るといってもどのように、どこへ帰ればいいのか。関東周辺で暮らしていた朝鮮人は、今とこれからを生き抜くための情報を求めて「川崎に行けば何とかなる」という思いでこの地に結集しました。家族を支え続けてきた朝鮮の女性たちが、「生きていくために、ここからが大変だったんだ」とのちに振り返る生活史がこうして刻まれていきます。

軍需工場に囲まれた川崎南部は空襲で焼け野原になり、それでも、女性たちによって生きるためのたくましい活動が朝鮮部落を中心に繰り広げられました。朝鮮半島でのくらしも含め、貧乏を生き抜いてきた女性たちには、みそも醤油も酒も、着る物だって自分たちで作ってきた生活力がありました。朝鮮部落の路地では、いつの間にか唐辛子やゴマなどの野菜が育てられ、酒やみその甕《かめ》が並ぶようになります。焼け出された日本人も出入りするようになり、すべてのものをなくしてはじめて庶民同士が出会い、交流が始まりました。「朝鮮のおばちゃんとこ行けば、どんぶり一杯四〇円でとびきりうまいどぶろくが飲め、朝鮮風に味付けした内臓肉や煮物が食べられる」と評判になりました。

軍需産業に従事させられた男たちは日本の敗戦を機に完全失業状態に追い込まれ、朝鮮の女性たちが子育てに加えて、家族を支えるために大変な労働に従事するようになります。額に汗して働く労働者相手に一杯飲み屋を始める人が現れ、またお客の相手をするのが苦手な人は、男たちに紛れてスコップを握りました。焼け野原になった街で、リヤカーを引いて鉄くずを集める人もいました。一九五〇年に朝鮮戦争が始まると、その鉄くずが軍需によっていきなり三倍の値を付けるようになり、この街は飛躍的に復興していきます。そこには、戦争の惨禍を身をもって知る朝鮮の人々の多く住む街が、今度は母国で勃発した同族同士の戦争によって復興していくという皮肉な構図がありました。こうして川崎は、戦争責任のある街としての歴史を積み重ねていくことになります。母国の分断により帰国の道を断たれ、さらに一九六四年の東京オリンピック誘致に伴う建設ラッシュがつながることで、仕事を求めて転々としてきた朝鮮人の多くは川崎に定住していきます。そして、何とかこの地で生きるための基盤をつくろうと必死に働きました。

ふれあい館の誕生とハルモニとの出会い

一九七〇年代、日本生まれの在日二世が子育て世代になると、みずからが日本の学校教育の中で受けた差別体験から、子どもには同じ思いをさせたくないと、民族差別をなくす地域活動が始まりました。まず、在日大韓基督教川崎教会を母体として桜本保育園が開設され、在日コリアンの子どもが自らのルーツをのびのびと受け止められる場が模索されました。一九七四年には社会福祉法人格を取得して、認可保育園となります。さらに、保育園を卒園した子どもたちを見守るために、子ども会や学童保育の設立、子どもたちへの学習支援などが、多くの市民の参加のもと市民運動・地域活動として行われるようになりました。当時学生だった私が、知り合いに声をかけられて活動に関わるようになったのも、この頃のことです。

当時は、あらゆる社会保障制度において、国籍による排除が行われていました。児童手当がもらえない、公営住宅に入れない、奨学金制度に国籍条項があって利用できない――。「市民だけでは子どもたちを支えられない。行政とのパートナーシップを確立しよう」という掛け声のもと、一九八八年、多文化共生の交流をめざした施設としてふれあい館が開設されます。

ふれあい館が開設した当初、在日コリアンの高齢者に関することは活動の中にまったく位置づけられていませんでした。しかし、ふれあい館の活動の一つとして始めた識字学級で、私たちはハルモニ（朝鮮語でおばあさんのこと）たちと出会うことになります。当時は、在日一世が仕事や子育てからリタイアする時期と重なっていました。「私ずっと勉強したかったのよ」――一人の力強いハルモニの歩みにつらなり、たくさんの人が識字学級に通ってくるようになりました。鉛筆を持ったことさえなかったハルモニたちが、自分の名前を書き、住所を書き、ため息をつきながら、言い訳のように「勉強できなかった理由」を私たちに語る。そこから大きな学びを得ると同時に、桜本の地域コミュニティの中心に、辛酸をなめつくしたハルモニたちがいるべきであるという理念がふれあい館を拠点とした市民運動の中で共有されていきました。

識字学級でハルモニたちの話を聞く中で、彼女たちが年老いた今も厳しい生活課題を抱えていることがわかってきました。中でも、無年金問題は深刻でした。戦後、在日コリアンは一方的に「外国人」とみなされ、すべての社会保障から排除されました。一九八二年に社会保障制度の国籍条項が撤廃されてからも、在日の高齢者は二五年の年金掛け金納付期間に達しない人が多く、国民年金制度から排除されました。川崎では、年金をもらえず生活苦を抱える在日一世たちが怒りの声をあげ、救済制度をもとめる活動に取り組みました。これはのちに「川崎市外国人高齢者福祉手当」として実現します。

地域に暮らす「小さな英雄たち」

仕事を引退してはじめて自分の自由になる時間ができたハルモニたちですが、それまで働きづめだったせいで余暇の過ごし方も知らず、字が書けないことなど日本人の集まる場に行きづらい事情もあり、地域の中では孤立しがちでした。そこで、かつては毎日の食べるものも分け合って暮らしていた同胞と再びつながるために、一九九八年に在日高齢者交流クラブ「トラヂの会」が結成され、ハルモニたちが自ら居場所づくりに取り組んでいきました。もともと情の深いハルモニたちは、困難を抱えて暮らす同胞たちと私たちをつないでくれ、生活相談のケースも増えていきました。時を重ねて、日本生まれの在日二世も高齢化して参加するようになり、また韓国から戦後渡日して来たニューカマーの人たち、さらに南米出身の日系人や、日本の高齢者福祉になじめない日本人も参加する多様な場ができあがっていきました。労苦を積み重ねたハルモニたちがつくりあげた居場所は開放的な雰囲気に包まれ、訪れた人をエンパワーしています。

この間、識字学級で学ぶ人の出身国・世代等の構成は大きく変化し、参加者の間で日本語学習に対するニーズにも違いが生じてきました。またトラヂの会ができたことで、体力の衰えも重なって識字学級を離れそちらへ移っていくハルモニも出てきました。しかし、緩やかなペースで良いから学習を続けたいというハルモニもおり、二〇〇四年、「ウリハッキョ」という名でハルモニたち独自の識字学級が開設され、少人数で独自の学習をするようになりました。ウリハッキョは二〇一五年に「ウリマダン」と名前を変え、現在も活動を続けています。

ハルモニたちはこれまで、身一つを楯に差別と戦争の時代を生き抜き、自力で生活を切り開いてきました。そんな彼女たちは、私たちにとって地域に暮らす「小さな英雄たち」であり、差別も戦争もない、多文化が共生する桜本の街づくりを進める主人公です。この度、そんなハルモニたちが識字学級でつづってきた作文が本になります。生活に根ざしたハルモニたちの言葉には力があり、その文字や絵には、人を引きつける魅力があります。この本を通じて、ハルモニたちのつらかった体験に思いを寄せながらも、その一つ一つの場面をしっかり生き抜いた彼女たちの、人間としての命の輝きを分かち合えたらと強く思います。朝鮮人や外国人を標的にしたヘイトスピーチが社会の分断を招き、他者への不信感が蔓延する中で、この本に登場する「小さな英雄たち」は孤立と不安の只中にいるすべての人たちに大きな力を与えてくれるでしょう。そして、ハルモニたちにとってもまた、「つらかったけど、わが人生」を確認しながら、老いの今を充実して送っていただく契機となるものと思います。

わたしもじだいのいちぶです

目次

第二部

どう生きてきたか

第三部

いま思うこと

第四部 教室の外へ

この本に登場するハルモニたち

金福必《きむぼっぴる》

一九二三年、慶尚南道《きょんさんなむど》蔚山《うるさん》生まれ。一九歳で結婚・渡日、大阪に住む。大阪大空襲で家を焼け出され、伊豆山中に疎開し炭焼きをして生活を送る。一九五四年に義兄を頼って川崎へ。

金文善《きむむんそん》

一九二五年、慶尚南道《きょんさんなむど》巨済《こじぇ》郡生まれ。

⬇詳細は五九頁

呉琴祚《おくむじょ》

一九二六年、慶尚北道《きょんさんぷっと》安東《あんどん》郡生まれ。

⬇詳細は一五七頁

徐類順《そゆすん》

一九二六年、慶尚南道《きょんさんなむど》陜川《はぷちょん》郡生まれ。

⬇詳細は二二三頁

金道禮《きむどれ》

一九二七年、慶尚北道《きょんさんぷっと》青松《ちょんそん》郡生まれ。五歳で母と一緒に、出稼ぎに行った父を追って渡日。戦争中、甲府市塩山に疎開、両親の代わりに七人の弟妹の世話をした。解放後に結婚し、以来川崎に住む。

崔命蘭《ちぇみょんらん》

一九二七年、慶尚南道《きょんさんなむど》昌寧《ちゃんにょん》郡生まれ。地元の小学校を卒業。一七歳で結婚、一九歳で日本へ。はじめ神戸に住み、のちに夫の友人が多い川崎へ。

金芳子《きむぱんじゃ》

一九三一年、慶尚南道《きょんさんなむど》三千浦《さむちょんぽ》市生まれ。

⬇詳細は一七一頁

石日分《そくいるぶん》

一九三一年、長崎県諫早市生まれ。親の

都合で何度も引っ越し、高等小学校一年生のときに解放を迎える。一八歳で結婚するが離婚を経験し、二五歳で再婚。一九七二年に川崎へ。

李榮子《いよんじゃ》

一九三一年、慶尚南道《きょんさんなむど》釜山《ぷさん》市生まれ。解放時、咸鏡北道《はむぎょんぶっと》の清津《ちょんじん》小学校四年生。その後釜山に戻り、商業中学を卒業。弟妹のために働く。乳癌治療のため、六六歳で川崎へ。

文叙和《むんそふぁ》

一九三六年、東京・深川生まれ。

⬇詳細は三七頁

趙良葉《ちょうやんよっぷ》

一九三七年、全羅南道《ちょるらなむど》順天《すんちょん》郡生まれ。生後六か月で父の住む山口県の田舎へ、母と共に渡日。一七歳で結婚。仕事を求めて一九六〇年に川崎へ。

黄徳子《ふぁんとっちゃ》

一九四二年、江原道《かんうぉんど》束草《そっちょ》生まれ。

⬇詳細は一五七頁

金花子《きむふぁじゃ》

一九四三年、全羅南道《ちょるらなむど》霊光《よんぐぁん》郡生まれ。一九九一年に来日。働きながら西中原中学夜間学級を卒業。仕事を辞めたあと、一時期識字学級に通ってきていた。

朴春秀《ぱくちゅんす》

一九四六年、忠清北道《ちゅんちょんぶっと》清洲《ちょんじゅ》市生まれ。二〇〇〇年に来日し、千葉県柏市の食堂で働く。一年後に川崎へ。職場で日本人のよき理解者に出会い、結婚。

高島《たかしま》マリイ

一九二九年、ブラジル・ドアルチーノ郊外生まれ。

⬇詳細は五九頁

大城正子《おおしろまさこ》

一九三〇年、ペルー・リマ近郊生まれ。

⬇詳細は九一頁

プロローグ

識字学級という空間

鈴木宏子

三〇年前に始まった識字学級

ふれあい館が三〇年前に設立されたとき、同時に開かれた識字学級には、「せめて、自分の名前、住所ぐらいは書けるようになりたい」という強い思いを抱いた在日一世のハルモニたちが集まってきました。初めて鉛筆を持って文字を学べるという喜びが半分、はたして自分たちにそんなことができるのかという不安が半分。でもその不安な気持ちを、仲間を誘い合わせることで勇気にかえ、大勢のハルモニたちが通ってくるようになりました。

朝鮮半島で暮らしていたときも、日本に渡って来てからも、学ぶ機会を奪われてきたハルモニたちは、日常生活の中で日本語を聞くこと話すことはできても、読むこと・書くことができません。そのために、役所からの書類が読めない、子どもの通う学校からのお知らせがわからない、メニューが読めないので一人では食堂にも入れない、給料受取りのサインができず朝鮮人だと分かりクビになる、自分の気持ちを書きとめることができないなど、読み書きができないためにハルモニたちが被った不利益、差別、屈辱は枚挙にいとまがありません。

初めて参加した日の衝撃

私は共同学習者（この言葉については後で述べます）として二三年間、識字学級に通っていますが、初めて参加した日のことは鮮明に覚えています。その日一緒に学ぶことになったハルモニが、優しい顔で話しかけてくれたのですが、「鈴木さんは今日が初めて？　ここに座んなさい！」と初対面の私にいきなりの命令口調。驚きを隠しきれないでいる私に向かって「この字、どう書くの？　ちょっと書いてみなさいよ」と畳みかけるように言うのです。この命令形はどういうこと？

何回か通ううちにその疑問は解けました。彼女たちが接してきた日本人の多くは、朝鮮人を下に見て、乱暴な言葉遣いで話しかけることが多く、丁寧な対応をしたとしても、「〜しなさい」と常に命令形であっただろうと思い至ったのです。

ハルモニたちがこのような言語環境で暮らしてきたことに気づいたとき、この人たちと共にする日本語学習の目標をどこに置けばいいのかという疑問が湧いてきました。少なくとも、ひらがなが正しく・美しく書けるようになることでも、正しい言葉遣いができるようになることでもないだろう、彼女たちが文字の読み書きができないために、日本社会で甘受せざるを得なかった屈辱的な差別や生活上の不便などをはね返せる力を付けていくことこそが、私たちの識字に求められているものではないかと、おぼろげに感じました。

ひらがなを手にしたハルモニたち

識字学級に通いだして、自分の名前と住所、少しのひらがなが書けるようになったハルモニたちは「結婚式の受付で震えながらも自分の名前が書けた」「銀行で名前を書いて一人でお金をおろせた」「電車の窓から駅名が読めた」と、頬を紅潮させて報告してくれるようになりました。「街を歩いてて読めるひらがなを見つけるのが楽しくて！」という喜びの声も聞きました。今までは目にしていても関係のなかった文字に溢れた街並みや日常生活の種々の風景（お店の看板、商品名や食堂のメニューなど）が、ハルモニたちに近寄ってきてくれる存在に変化し始めたのです。

そんなある日、識字学級にやって来たハルモニが息を切らして言うのです。

「ねえ、字っていうもんは本当に便利なもんだね。このごろ物覚えが悪くて、電話があっても誰からだったか覚えてられないんだよ。息子には、『もう電話には出るな』と言われてたの。それが、昨日は紙に《きんさん、でんわ》とか《ふろ いく》とか書いて銭湯に行ったのよ。そしたら息子にすごくほめられた。『よくわかったよ。オフクロ、だてに識字学級に行ってないね』だって！」

息子さんに信頼され、満身で嬉しさと誇らしさを表している彼女を見ていると、文字が一番必要な人のところにいい形で届いたと思いました。このことから私たち共同学習者が学んだのは、難しい漢字・かな交じりの文章をスラスラ読み・書けるようになることは必要ではなく、ひらがなだけで自分の思いを表現することは十分可能で、そのような自己表現によってハルモニたちは自信を得、人間としての誇りさえ取り戻せるかもしれないのだ、ということでした。

自分の歩んできた道をつづる場へ

識字学級には、教える者・教わる者という上下関係は存在せず、そこに集う者すべてが、互いに尊敬し合って学びを進めていくというのが基本姿勢です。そこで私たちは、識字学級に通って来る人たちを「学習者」と呼び、その人たちと共に学ぶ者という意味で、読み書きを指導する側の人を「共同学習者」と呼んでいます。

識字学習を共にする中で私たち共同学習者は、戦中・戦後ずっと働きづめだったハルモニたちの苦労話をいろいろ聞くことになりました。私たちはハルモニの体験を沢山聞いておきたいと身を乗り出すようにして聞くのですが、それを制するようにハルモニは言います。「八〇年を超える私の一生のすべてをそんなに簡単に話し切ることなどできない」と。しかし、その一部を聞いてさえ、ハルモニたちの体験の中身は、日本人共同学習者や在日コリアンの若い世代の人たちの理解をはるかに超えるものです。

「役所で名前が書けないというと、『じゃ、書かせてやろう』と手を握って書かされたんです。情けなかったです」「焼酎の密造摘発で和歌山の女子刑務所に送られたんです。その間、三人の子どもは養護施設に預けました」などといった経験を語るハルモニがいます。

識字学級に通って来るハルモニたちは、みんな似たような境遇をたくましく生き抜いてきて、体はヘトヘトであっても、いまなお学ぶ心を持って先に進もうとしている人たちです。私たち共同学習者は、ハルモニたちに「心のうちにしまってある苦労話をぜひとも自分の言葉で書きしるしてほしい。書くことによってあなたたちの心が解放され自らの癒しになると同時に、あなたたちの書く文は歴史の生の証言として残り、後に続く者たちの道しるべになるのだから」と語りかけました。

作文を書くと聞いただけでも尻込みするハルモニたちが、どうすれば進んで自分の心の内や歩んできた道について書けるようになるのか、当時ふれあい館の識字担当であった原千代子さんと共同学習者が試行錯誤を続け、そうして私たちの識字学級は今日行っている次のような方式にたどりつきました。

❖文法や表記の間違い、文字の上手下手などは学習の中心にはおかず、ハルモニがいま現在、関心を持っていること、思いを寄せていること、そして、何よりもこれまでのくらしの中で経験したことを、語り・書き残すことを学習の中心に据える。

❖学びの手順としては、以下のような流れで行う。

・ハルモニが関心のあるテーマについての教材（文章や写真など）を用意し、それらを読んだあと、そのテーマについて話し合う。

・話し合う過程で、ハルモニは他の人の意見を聞いたり自分の意見を聞いてもらったりして、自分の考えをまとめていく。
・話し合いのあと、自分の考えを作文に書く。また、作文の一部や中心となるメッセージを筆で習字に書く。
・作文や習字の発表会をし、お互いに作品に関する意見を述べ合う。

それでは、手元に残している日誌から、ある日の識字学級を覗いてみましょう。

ある日の識字学級

◆二〇〇九年六月一六日「私の得意料理」作文発表会

「私の得意料理」というテーマで前の週に話し合い、作文を書きました。この日はその作文の発表会をしました。ハルモニたちは自分の作文を発表し、一言コメントを加えました。

最初のハルモニが「お母さんは生活に追われ忙しかったので、私の手を取って料理を教えてくれたことは一度もなかった。お母さんがつくるのを見て、その味に近づけようと自分で試しながらつくった」と話すと、次に立ったハルモニは「私は直接母から教わることはできなかったが、いっしょに日本に来た兄嫁が、母から習っていた料理を教えてくれた」と間接的にでも母の味を伝える料理を習えたことを喜びとして話しました。

朝鮮の料理を母から習ったというハルモニがほとんどいないという事実は、彼女たち母子が歩んできた道が、そんな余裕を与えない厳しいものだったということにほかならないと思いました。

続くハルモニが「母は私が一〇歳のとき亡くなり、母から料理を習えなかった。私は料理が下手だ。娘にも教えられなかった。でも近ごろ娘は私の口に合う料理をつくってくれます」と話したあとで「私は本当にダメな親なんです。娘に親らしいことをしてやれないのです」と悲しそうに話しました。すると、間髪を入れず「なんでそんな風に考えるの。いい娘さんを持って良かったじゃない」と声をかけるハルモニがいるかと思えば「そんなことばっかり言わないの。そんなに親思いの娘さんがいて、鼻が高いじゃない」と励ますハルモニもいました。

また、あるハルモニが、日本人に韓国料理を教えてあげたとき、材料・作り方を数量化・文字化したものがほしいと言われて困ってしまったと話しました。「自分の感覚が頼りで、醤油が大さじ何杯って言えないんだよね」と言うハルモニ。料理を伝えていくのに、確かにレシピがあった方がいいのかもしれませんが、文字がなくとも、自分の手や舌の感覚で料理する力を身に付けてきたハルモニたちの生活力に学ばなくてはと思わされました。

そして、識字学級で一緒に学んでいる日系ブラジル人、日系ペルー人の学習者が、それぞれの国の料理を次々と紹介してくれました。この料理紹介がきっかけで、近いうちにブラジル料理をつくって食べる会をしようという嬉しい企画が持ち上がり、話がまとまりました。

テーマは「私の得意料理」でしたが、ハルモニたちが、ある人には励ましの声をかけ、国の違う人からは異なる文化を吸収し、作文の内容を発展させて話し合ったことで、その場のみんながら納得のいく時間を過ごすことができました。

みんなが豊かになれる学びの空間

勝手なおしゃべりなら得意なハルモニたちですが、学校にも行けず討論や話し合いなどの経験も持ち得なかった彼女たちにとって、みんなの前で要領よく自分の考えを話したり、人の話をじっくり聞いたりすることは初めの頃は簡単ではありませんでした。しかし何年も学習を続け、いろいろなテーマで話し合い、自分の思いを何とか書きつづろうと努力をする中で、ハルモニたちは着実に表現する力をつけていきました。

ただひたすら書き残したいと絞り出すようにつづったハルモニたちの文には、飾り気もおもねりもありません。時に事の本質に突き刺さる凄さがあり、時に苦労をくぐり抜けてきた者だけが持ち得る柔軟性と優しさがあります。共同学習者はハルモニの書く文にはほかと比べようもない魅力があること、そして私たちはハルモニの話す言葉・書く文から多くを学び、そこから今を生きる力をもらっていることを繰り返し伝えるようにしました。

ハルモニたちは学びを重ねる中で、「他人に聞かせて何になる」と思っていた人生を肯定的に受け止め、文字化することに積極的になっていきました。このように、私たちの識字の空間はハルモニたちの頑張りを核にして、その場を共有する全ての者が、豊かになり充実した時を過ごせる場になってきたのです。

本書に収録した作文は活字に起こす際、明確な誤記や脱字などを訂正した（ただし、判読に支障のない程度の誤りは原文のままとした）。また、ハングル表記の箇所は原文のままとし、ふりがなを振った。

第一部

記憶

朝鮮に生まれて

川崎桜本に住むハルモニたちの多くは、
日本が朝鮮を植民地にしていたころに幼少期を過ごしました。

朝鮮に生まれて、穏やかな日々を過ごしたのもつかの間、
日本の植民地支配によって生活の基盤を失い、
日本へ行かざるを得なかった家族や親せきを追って、
年端もいかない彼女たちは海を渡りました。

徐《そ》類《ゆ》順《すん》

서유순

一九二六年、慶尚南道《きょんさんなむど》陜川《はぷちょん》郡に生まれる。一四歳のときに、先に日本へ来ていた兄二人を頼って母と渡日した。東京の五反田、静岡、名古屋と移り住み、生活のために旋盤工場・銀山・織物工場などでいろいろな仕事をした。一八歳で結婚し、翌年娘を授かる。日本の敗戦後は家族・親戚と帰国したが、母と主人を亡くすという不幸に見舞われる。さらに朝鮮戦争に巻き込まれ、戦火の中、幼い子どもを連れて逃げ惑った。一九五七年、韓国での生活が立ち行かなくなり、単身で再び渡日、以来五〇年余りに渡って川崎に住む。生活が安定したところで娘を韓国から呼び寄せたが、七八歳になるまで土方・ビルの掃除・焼肉屋の皿洗いなど働きづめの日々を送った。

思い出はむじゃきにあそんだこと――徐類順

思い出はむじゃきにあそんだこと
陜川では雪がたくさんふりました。ちかくのたけやぶできんじょのともだちと写真をとりました。そして雪がっせんをしたり雪だるまをつくったり氷のうえでそりあそびをしました。お兄さんがそりをこいで私がうしろにのりました。いえのなかでもやしをそだてたり、どぶろくをつくったりしました。わらをきってつくったストローでお兄さんとどぶろくをこっ

＊陜川…韓国慶尚南道にある郡。戦前、陜川から職探しや軍需工場への徴用などで、多くの人が広島へ渡った。広島で被ばくし、帰国した人が多く暮らしていることから「韓国のヒロシマ」と呼ばれている。

＊どぶろく…米を発酵させたあとに濾《こ》さないで濁ったまま飲む酒。

そりのみました。私はよっぱらってしまいお兄さんはお母さんにおこられました。

私はさむい日にもきようどうのいどから水をくんできました。あたまのうえにかめをのせました。たくさんこぼしてふくがぬれてしまいお母さんに「やらないでいい」と言われました。でもほかにすることがないのであそび半分でつづけました。

今かんがえるとそのころがいちばんたのしかったです。むじゃきにあそぶことができたからです。

徐類順　二〇二三年三月六日

「雪景色」の絵を描いたあと、これまでの暮らしの中で雪について記憶に残っていることを聞くと、類順さんは、この話を本当に幸せそうにしてくれました。特にお兄さんが類順さんにどぶろくを飲ませ、お母さんに叱られたくだりは、思わず笑みがもれるといった感じでした。

むかしのおもいでのはなし

―徐類順

わたしはいしゃのくすりはのんだことない。かんぽうやくはのんだことあるけど。

おばあちゃんがかんぽうやくをつくってのませてくれました。やまでくさをとってせんじてのませてくれました。にがかったです。でもおばあちゃんがつくってくれたからむりしてのみました。だからいままでけんこうでいられるんじゃないですか。

おばあちゃんのおかげだね。

서유순

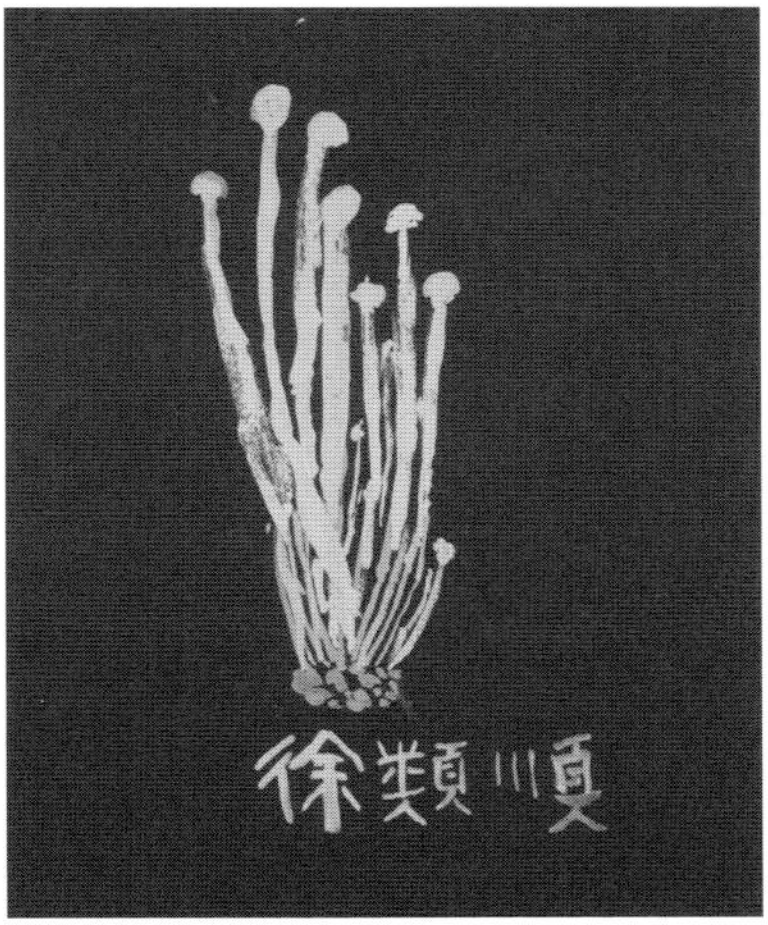

類順さんはおばあちゃんっこだったようです。いつもおばあちゃんのそばにいて、自然といろんなことを教わったとか。慈愛に満ちたおばあちゃんの心を類順さんもしっかり受けとめていたことが、この文からわかります。
一四歳で陜川を出るとき、一番つらかったのはおばあちゃんとの別れでした。でも、再会は叶いませんでした。

はぷちょんのおもいで

―徐類順

むかしかんこくのゆうびんきょくに日本のひとがすんでいました。そこのうちにこどもがいてあそびにいったらみつばやきゃべつをつくっていました。

そのころ日本人はキムチやかんこくのものをたべないで日本からおくってもらったうめぼしをたべていました。わたしはうめしゅのうめをはじめてたべておいしいとおもいました。いま日本人がキムチをたべているのをみるとじだいがかわりましたね。

そのいえのしげちゃんとかくれんぼや、すなあそびをしました。おやつにおもちのおせんべいをよくもらいました。

それからわざと10えんだまをあちこちにおいてもっていくかみはっ

서유순

ていました。そのころほかのいえでもにほんじんはおなじことをしていました。かんこくじんをばかにしていたとおもいます。

類順さんがものごころついたころには、地方の小さな町・陜川にも日本の行政機関や警察などが身近にありました。
類順さんは子どもらしい好奇心も手伝って、「しげちゃん」と楽しく遊んだのでしょう。でも、日本人は朝鮮人を心の底では疑いの目で見ていることを知りました。

にほんにくるためのしょるい

―徐類順

そのころ、にほんにくるのはたいへんだった。よぶひとがしょるいをださないとにほんにこられない。にほんにいたおにいさんがよんでくれてしょるいをつくってくれました。なんかげつもして、ようやくこられることになった。

そのしょるいは「ちゅんみょん（증명）」といってけいさつがだしました。しょるいにはしゃしんがはってあった。

そのころのけいさつは、うえのひとはみんなにほんじんでした。

＊ちゅんみょん…「証明」の意。一九二〇年代半ば以降、朝鮮人が日本に渡航するためには、居住地の警察が発行する「渡航証明書」が必要だった。

＊しものせき（下関）…一九〇五年から一九四五年まで釜山との連絡船（関釜連絡船）が運航しており、多くの朝鮮人にとって日本に降り立つ最初の地だった。

しものせき

―徐類順

しものせきにいって、いちばんさいしょににほんにきたひをおもいだした。

しものせきについて、ぜいかんのにほんじんがつくえをどんどんたたいておおきなこえでなにをいっているのかわからない。あのときはびびったよ。

おかあさんはなにもわからないのに、こどもをつれてにほんにきて、たいしたもんだ。

ゆうきがあったね。


自力での渡日が手続きの面でもお金の面でも厳しかった当時、やっとの思いで上陸した下関で、お母さんは日本人から屈辱的な扱いを受けました。そばで見ていた類順さんは、その場を自力で切り抜けた母親の強さに心打たれると同時に、その時の悔しさを母とともにしっかり心に刻みつけたに違いありません。

チマチョゴリの思いで

―呉琴祚

小さいとき、大みそかの夜に母からつくってもらったチマチョゴリをそばにおいて寝ました。うれしくてうれしくてなかなかねむれませんでした。それは、ふだんはきられないふくだったからでした。お正月にはすてきなチマチョゴリをきてかみにりぼんをゆわえることがうれしかったです。そのりぼんとゆうのは、はばは10センチぐらいのあかいいろをしていてとってもすてきでした。かみにゆわえてながくたらすのがうれしかったです。それでお正月をむかえました。

＊チマチョゴリ…朝鮮の女性用の民族衣装。チマはスカートのようなもので、胸からくるぶしまでの丈がある。チョゴリは上着のことで、男女ともに着るが、女性用のチョゴリは男性用に比べて丈が短い。コルムという二本の紐で前を留めるようになっている。

＊りぼん…ここではテンギのこと。テンギとは編んだ髪の先に結びつけて長く垂らす髪飾りで、主に未婚の人が身につけた。

琴祚さんが、自分の描いた「チョゴリをきておどる人」の絵の前でこの話を聞かせてくれたとき、琴祚さんのうっとりした語りに皆引きこまれ、赤いテンギ（リボン）を自分も結んだかのような思いになったのでした。

でも、ほとんどのハルモニはお正月の晴れ着など用意してもらったことなどありませんでした。

呉琴祚さんのプロフィールは
一五七頁参照

たんこうではたらいたこと

金芳子

きてみたらおとうさんは一人じょたいで、したいほうだいで、お金などまったくありませんでした。そのうちおとうさんがたんこうで、けがをして、はたらけなくなったからおかあさんがはたらきにでました。私は小がっこう2ねんぐらいまではいっていたけど、いえのてつだいをするのでべんきょうができなくなりいやになっていかなくなりました。

下のいもうとがうまれて百日目におとうさんがけがをしたので、私はそのいもうとをつれて、おかあさんの休みじかんにおっぱいをのませにつれていきました。そのあいだに、米をあらったり水をくんできたり、うちの用じもしました。そのとき、8さいか9さいぐら

＊はぎもりたんこう（萩森炭鉱）…山口県山陽小野田市にあった炭鉱。一九六〇年代に閉山した。
＊ボタ…石炭を採掘するときに出る捨て石。

いでした。

おとうさんはしっかりなおったわけではないけどはぎもりたんこうにかわって、またはたらきはじめました。そのうちに、またおなじあしをけがして、こんどははたらけなくなりました。おとうとたちは小さくて、がっこうにもいってたしけっきょくおかあさんと私がはたらいてかていをちゃんとしないといけなくなりました。

私はせがそこそこあったから一八さいとだましてはたらきました。はじめは、ヘッドランプにじゅうでんするしごとでした。ねんじゅうゴム長をはいていました。でも、ピリピリでんきがきてこわかったです。

そのあと、たんこうの中でボタをよりわけるしごとにかわりました。スコップで石たんをつんだりおろしたりするのはたいへんでした。トラックにまたふねにもつみました。


五歳で日本に来た芳子さんは、気づけば、怪我で働けなくなった父親に代わって、母と二人で一家を支える大切な存在になっていました。芳子さんには、その役割を放棄して学校に通うという選択肢はありませんでした。

長女として、働きながら弟妹を学校に行かせ家事を手伝うのは当然のことでした。その役を芳子さんは手を抜かず忠実にやり通しました。この時代の芳子さんの働きぶりが、どんなことがあっても自分の信念を曲げない、彼女の強い性格をつくりあげました。

金芳子さんのプロフィールは一七一頁参照

いくども海を渡る

一九四五年、日本がアジア・太平洋戦争に敗れ、朝鮮の人々は三〇余年に及ぶ植民地支配から解放されました。

しかし、朝鮮半島ではそのあと南北の分裂が進み、
一九五〇年には朝鮮戦争が勃発。

政治情勢のせいで、当時日本にいた多くの人々が足止めされ、帰国できませんでした。

また、朝鮮に帰ったものの戦争に巻き込まれて生命の危険にさらされ、生活に苦しみ、再び日本へ戻って来た人々もいます。

文《むん》叙《そ》和《ふぁ》

문서화

一九三六年、東京・深川に生まれる。下関で幼少期を送る。空襲で授業がなくなることが多かったが、三年生の途中まで小学校に通った。九歳のときに解放を迎え、家族とともに釜山へ。やがて暮らしが立ち行かなくなり、祖母の田舎の慶尚南道《きょんさんなむどう》蔚山《るさん》に帰るが、親せきの経営する病院に預けられ、親元を離れる。一四歳のときに朝鮮戦争がはじまり、陸軍の病院で働いていたため身近に戦争を体験した。ソウル住まいを経て、五〇歳のときに結婚のため再び日本へ渡り、以来ずっと川崎に住む。焼肉屋・パチスロなどで働いたが、体調をくずし、七〇歳過ぎに仕事を辞めた。最近は、近くに住む娘の家族やヘルパーに支えられて日々を送っている。

そだったむらの思いで

——文叙和

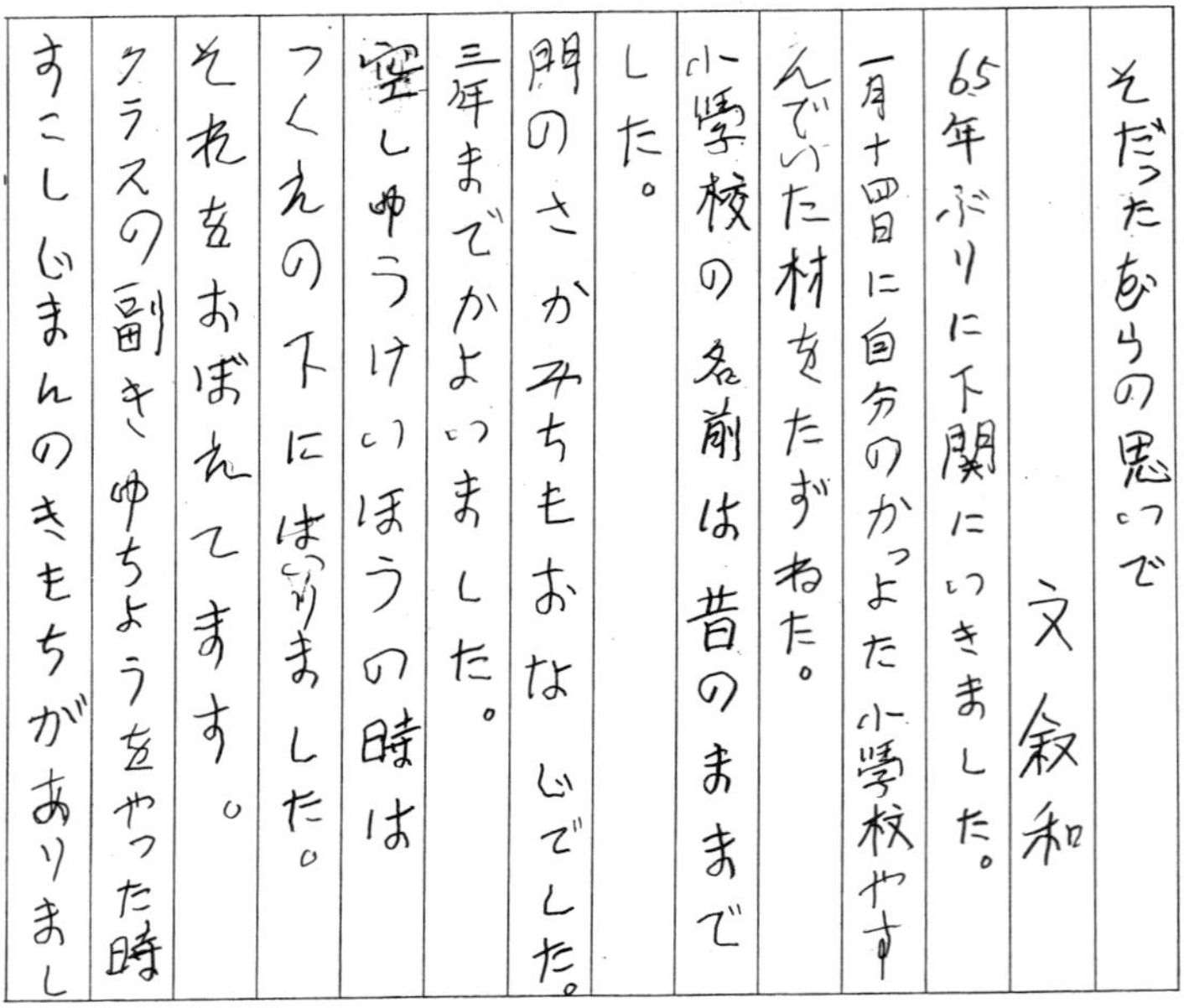
そだったむらの思いで

文叙和

65年ぶりに下関にいきました。
一月十四日に自分のかっよた小學校やす
んでいた材をたずねた。
小學校の名前は昔のままで
した。
朋のさかみちもおなじでした。
三年までかよいました。
空しゅうけいほうの時は
つくえの下にはいりました。
それをおぼれてます。
クラスの副きゅちょうをやった時
すこしじまんのきもちがありまし

***とんぐるとんね**…下関の旧大坪地区をそのように呼んでいた。
***昭和かん（昭和館）**…戦前、「内鮮融和」を掲げてつくられた福祉施設。簡易宿泊、子どもの就学準備、職業の斡旋などが行われた。

た。だから小學校にわ、たのしっ
おもいでがあります。
むかしそだったとんぐるとんねは韓国の人
が多くいたからとんぐるとんねとよばれた
と思います。
そのころかんずめ工場で母がはたらいた。
私は昭和かんにいってあそびました。
昭和かんはありませんでした。
こんかい見た時めじゅかやねの下に
つるしてありました
めだゅば豆をふかしてつぶしてまるめた
みその材料です。
めじを日本にきてからはじめて
見ました。
韓国にいるようでした。
二〇一〇年十一月二十一日

叙和さんが育った下関市大坪町を訪ねることができたのは、彼女がその地を離れて六五年、再来日してから二四年の時を経た、二〇一〇年のことでした。彼女はこの旅で、かつて通った小学校に行くことを強く望みました。

訪ねてみると校舎は鉄筋に替わり、昔の面影は校門前の緩い坂道にしか残っていませんでした。それでも彼女はそこに立てたことで十分満足でした。彼女がその地を離れてからのあまりにも過酷だったくらしの中で、心を温かくして立ち返っていけたのが下関での小学校生活の思い出だったからです。豊かではなくとも、両親の庇護のもと家族仲睦《むつ》まじく過ごした日々は、彼女の宝物なのです。

てわがんの春

文叙和

春からてわがんにいってあさはせんたくをしてよるはおふろにはいるんです。

てわがんとゆうのは蔚山市内をながれる川です。

ふゆはせんたくをします。川にこおりがはってばんめいでわってからあらいます。水が冷たくていきをはきながらあらうのはたいへんでした。

すなをほってかいをとりました。とったかいをスープに入れるんです。とってもおいしいです。

てわがんの水はとてもきれいです。とうめいです。かおも見えるくらいです。

＊**てわがん（大和江）**…蔚山市内を流れる川。

＊**蔚山**…韓国南東部に位置する広域市で、工業都市として知られる。

＊**ばんめい**…砧《きぬた》を打つ棒のこと。一般的には방망이《パンマンイ》と呼ぶ。

五十年いってないからいまもきれいかわからないんです。

帰国後に住んだ釜山で家族は食べていけなくなり、移り住んだのが蔚山でした。一二歳のときに遠い親せきにあたる伯母が経営する病院に預けられ、同い年の伯母の娘は学校に通っているのに、叙和さんは家事や病院の雑用を手伝って過ごさなければなりませんでした。

鈴木先生へ

―文叙和

12才の時川で洗濯をしたことをかいたです。

その時は母さんをうらみました。おなじとしのこどもがかばんをもって学校いくのを見てくやしくおもいました。病院でそうじとほうたいをあらってちゅうしやきをあらったりしてはたらきました。

いえがまずしかったからです。

なみだがでました。

学校へいかなかったから道で石をひろってじのれんしゅうをしました。

そのころはりかいできなかったけど大きくなってから母さんのことをりかいしました。

はんぐるは教会でおぼえました。

문서화

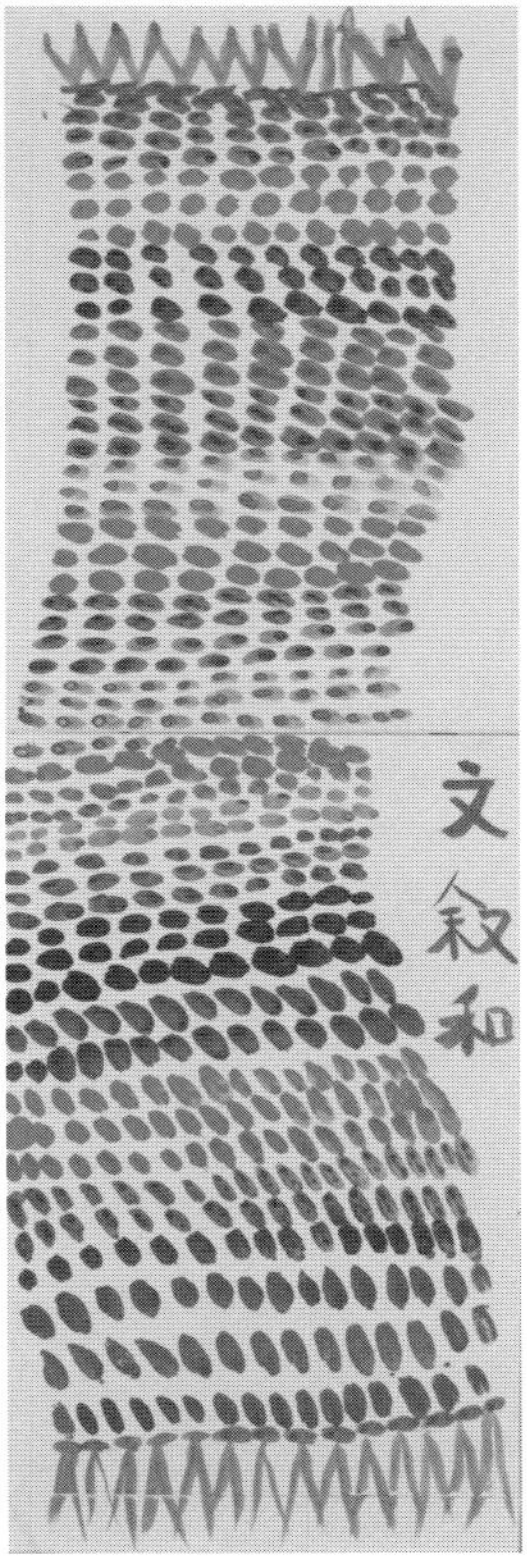

共同学習者の鈴木が長期間休んだとき、ハルモニたちが手紙をくれました。叙和さんは自分の近況ではなく、戦後、帰国してつらい思いで暮らした日々のことを書いてくれました。鈴木はすでに何度か聞いた話でした。でも、話したかったのです。

お母さんをどう理解したのか？それを書くことで自身の気持ちを静めている叙和さんをみます。なかなか、前に進み出せないでいる叙和さんの姿があります。

故郷への想い

文叙和

蔚山に住んでいた時内戦が有りました。

私はその時十四才でした。

十八才のころ病院で注射器を洗ったりガーゼの消毒をしたり掃除をしたりするようになりました。

小学4・5年生の男の子たちが山に松ぼっくり（ストーブを燃やすため）をとりに来て土の中の手榴弾を踏んでしまいました。

子供たちの遺体がかまに（わらで作った大きなズタ袋）に入れられて病院に運ばれてきました。

その子供を一人一人だして見たら死んでいました。

目がとびだしている子供や内臓がお腹から出ている子供もいました。

＊内戦…朝鮮戦争のこと。戦線が南北を何度も行き来した朝鮮戦争では、蔚山にも北からの避難民が多く押し寄せた。
＊かまに…朝鮮語でかますのこと。むしろを二つ折りにして袋状にしたもの。

柿の木の思いで

—徐類順

しゅうせんご、おかあさんたちとかん国にかえったとき、いえのにわに大きな柿の木がありました。

それはとうがんという大きな実がなってその実はたねがすくなくしぶがきでしたが、すとはいをわかしたぬるまゆにつけてしぶをぬいたり、又大きなかめの中にむぎを入れてうめておくとやわらかくなりおとしよりのおやつにしたりしてみなその柿の木をだいじにしていました。

ちょうせんせんそうのとき、ばくだんでいえがもやされ柿の木もだめになってしまいました。

もったいないとがっかりしました。

서유순

やけあとに水がたまり池のようでした。

二〇一三年の夏、暑さの中、緑の葉を茂らせている大きな樹を、時間をかけて描きました。完成した絵を見ながらの話し合いは、「木の思い出話」へと向かっていきました。

類順さんは陝川の家にあった柿の木の話をしてくれました。解放後、帰国したときに「いえのにわの大きな柿の木」を再び目にできた喜びは、朝鮮戦争によって打ち砕かれました。帰国後まもなく、母親と夫を亡くした類順さんは幼い娘と二人、戦闘の中を逃げまどい何とか生き延び、やっと戻ってきた我が家で目にしたのが、焼き尽くされた柿の木の跡にできた「池のような水たまり」だったのです。

解説

鮮やかな記憶

識字学級に通う在日一世のハルモニたちの多くは、一九二〇―三〇年代に朝鮮で生まれ、一九四〇年前後に日本へ渡ってきました。同じ時代を過ごしたといっても、彼女たちの経歴や家庭環境は様々であり、ひとまとめにはできません。それでも彼女たちの文章に共通しているのは、記憶の鮮やかさです。

徐類順さんは、自身も書いている通り「いちばんたのしかった」ころ、つまり幼き日の思い出を多くつづっています（↓24－29頁）。遠い日の記憶であるにもかかわらず、そこにはくらしのディテールがいきいきと描かれています。例えば、「ほかにすることがないのであそび半分で」母の手伝いを続けたこと、祖母の薬を苦いけれども無理して飲んだこと、梅酒の梅を美味しいと思ったことなどです。類順さんは「兄弟楽しく遊んで、食べるものにも困らなかった」と、この時期を振り返ります。

一方で、鮮やかな記憶は穏やかなもののみではありません。類順さんは日本人の家に行った際、十円玉をあちこちに置かれ、持っていくかどうか試されていたとつづっています（↓28頁）。朝鮮人は潜在的な犯罪者とみなされていたのでしょう。「かんこくじんをばかにしていたとおもいます」という強い言葉は、朝鮮人への差別的な言動やまなざしが、彼女の中に今なお刻まれていることを伝えています。

類順さんの記憶には、日本人に関するものが比較的多くあります。一方で、日本人と遊んだりふれあったりした記憶がないハルモニもいます。郵便局で日本人が働いていたという類順さんの記憶は、すでに行政や交通を司る機関に日本人が赴任していたことを示すもので、育った場所が比較的都会であったことが窺えます。彼女の家は街の中央部にあったため、より日本人を目にする機会が多かったのでしょう。ただ、陜川《はぷちょん》郡自体は貧しい地域で、仕事を求めて多くの人が日本へ、特に広島へ渡りました。そのため陜川出身者には被ばく者が多くおり、戦後に陜川は「韓国のヒロシマ」と呼ばれるようになりました。

日本人と接する機会があったといっても、日本人は日本人で自国の生活様式を守りながら固まって暮らし、朝鮮人と交流したり朝鮮の文化を取り入れたりすることは、あまりなかったようです。「日本人はキムチやかんこくのものをたべないで」梅干や煎餅を食べていたと、類順さんはつづっています(↓28頁)。こうした日本人との不均衡は、類順さんが下関に来た日、税関で恫喝された記憶にも鮮明に表れています(↓31頁)。植民地支配によって生活が立ちいかなくなった朝鮮の人々は、日本や満洲へ移住していきました。しかし、朝鮮人の日本への渡航は朝鮮総督府や警察によって厳しく管理されていました。ハルモニたちの中には、教育勅語を暗唱できるようになるまで通してもらえないという嫌がらせを受けた人もいます。

幼くして日本へ渡り、家事や肉体労働に従事しなければいけなかった**金芳子さん**のような人もいます(↓34頁)。ある時、識字学級で東日本大震災の話をしていると、芳子さんが「今の時代はいいよね。すぐ食べもの着るものを支援してくれるし、家の片づけなども手伝ってくれるじゃない」

と言いました。芳子さんが住んでいた炭鉱の住宅は一段低いところに建っていたため、台風が襲ってくるたびに、母親と二人で高台に畳や布団を運び、台風が去ったあとには家の中の泥を洗い出すなどの作業を、誰の助けも借りずにやったそうです。その時芳子さんは一〇歳前後でした。

　このように、彼女たちの鮮やかな記憶は、甘く穏やかなものからつらいものまであります。そのどちらもが、働きづめで苦労ばかりの人生と切り離せないものだといえます。つまり、甘く穏やかな記憶は労働や差別のつらさのいわば反動によるものであり、つらい記憶は彼女たちが送ってきた人生の労苦と地続きのものなのです。第一部で特に心和む思い出は、**呉琴祚さん**の「チマチョゴリの思いで」でしょう（→32頁）。はずむ胸を抑えきれずに眠れなかった夜、長く垂らして結った赤いテンギ。この思い出の美しさは、琴祚さんが舐めてきた辛酸と表裏一体なのです。こうした琴祚さんの思い出を聞いてうっとりするハルモニたちそれぞれの胸には、心のよりどころにしてきた美しい思い出がたたみこまれています。

もうひとつの記憶

　記憶とは、時に大事に心にしまいこまれ、時に消え、時に突然よみがえるものです。**文叙和**さんも先に紹介したハルモニたちと同じく、幼いころの記憶をつづっています。ですが彼女の場合、育った村を実際に訪ねたことで目の前の風景と様々な記憶がリンクする、その瞬間がよりはっきりと描き出されています（→38頁）。二〇一〇年、識字学級の希望者で下関を旅行した際、叙和さんが通った関西《かんせい》小学校を訪ねました（この学校には金芳子さんの子どもたちも通いました）。小学校を訪れたことをきっかけに、通学路の坂道や副級長をした誇らしさなどを思い起こしています。一方で、「めじゅ」という韓国・朝鮮の味噌玉（味噌・醤油・コチュジャンなどに欠かせない材料）を目にし、「韓国にいるようでした」とも感じています。下関を訪ねて幼少期を思い出し、ふと目にしたものから韓国を思い出す。幾重にもなる記憶のよみがえりは、叙和さんのたどった軌跡そのものです。作文に沿って彼女の人生を追ってみましょう。

叙和さんが育ったのは旧大坪地区で、朝鮮人の集住地区でした。この地区は「とんぐるとんね」（糞窟村という意）と呼ばれていました。もともとあまり人が住む場所ではなかったのですが、朝鮮半島から渡ってきたばかりの人々がここに住み始めました。その頃は脇道などで用を足していたため、「とんぐるとんね」と呼ばれるようになったと言われています。

叙和さんは、学校で朝鮮人だといじめられることはなかったようですが、相次ぐ空襲でろくに学校には通えませんでした。警報が鳴ると「つくえの下にはいりました」とつづっていますが、これが記憶に残っているということは、日常茶飯事だったのでしょう。（↓38頁）これでは勉強どころではありません。一九四五年の六月二九日と七月二日、軍事的・産業的に重要拠点だった下関は大空襲に見舞われました。この年の三月二七日から終戦前日まで、計五千個もの機雷が関門海峡に落とされていましたが、六月二九日と七月二日は、市街地にも焼夷弾《しょうい》が落とされたのです。この時直面した悲惨な事態は、視覚、嗅覚、聴覚すべてを通して、叙和さんの体に染みこんでいるようです。

日本の敗戦後――朝鮮人にとっては解放後、多くの人々が朝鮮半島へ帰ろうとして、下関に押し寄せました。その中には、家財道具を一切処分して親族一同で釜山《ぷさん》を目指した類順さんもいました。関釜連絡船は、米軍機による機雷が航路に投下されたため実は一九四五年六月に運航を停止しており、下関に集った朝鮮人たちは、正確な情報を得られないままいつ動くともしれない船を待っていたのです。その後、仙崎港（山口県長門市）から引揚船が出ることになり帰国を待つ人々はそちらへ移っていきましたが、自力で船を調達して朝鮮を目指す人もいました。一方で貧しさのため、そもそも帰国という選択肢を持てなかった人々も多くいました。

叙和さんは一九四五年の秋、釜山を目指して日本を離れました。九歳でした。親族一同二〇人ほどで小さな船に乗りこみ、途中海が荒れたときは、死ぬのなら一緒にと帯で皆の体を縛ったそうです。現金以外の荷物は泣く泣く捨てつつも、無事全員が釜山にたどり着きました。ですが、そこからさらなる苦難が始まるのです。

祖父が釜山で開いた店の経営がうまくいかず、家族は蔚山《うるさん》に引っ越します。家にまったく現金がない状態で、叙和さんは一二歳のときに遠い親せきに預けられ、同じ蔚山の病院で働き始めます。ハングルを教会で覚えたとあるのは、この頃のことです。(↓42頁)驚くべきことに叙和さんは、教会で配られる讃美歌の歌詞を通してハングルを独学で覚えました。必死に学んだ彼女の心には、「おなじとしのこどもがかばんをもって学校いくのを見てくやしくおも」う気持ちがあったのでしょう。負けん気が強く利発な少女のイメージが浮かんできます。

叙和さんはそのまま働き続け、一四歳になる年に朝鮮戦争が勃発します。北からの避難民に薬を分けてあげるなどの人助けをしていたようです。この時にもまた、叙和さんは人々の悲惨な状態を目撃します。(↓44頁)死を見ても何も感じなくなってしまったひどい人間だと、今も叙和さんは繰り返し自分を責めます。さらに休戦後ソウルに行き、弱冠二四歳で家族の生活を背負うことになります。あまりにも過酷だった当時の生活は、誰にも語られないまま今も叙和さんの心の中にしまわれています。こうした過去は、徐々に叙和さんの体調を悪化させました。二〇〇七年につづられた「故郷への想い」と、「そだったむらの思いで」、「てわがんの春」、「鈴木先生へ」の三つとで漢字の量が著しく違うのは、この間に体調が悪くなり、漢字を学ぶ気力と体力がなくなっていたからです。つらい記憶は、生涯背負い続けねばならないことがわかります。

朝鮮半島から日本へ、日本から朝鮮半島へ。そしてまた朝鮮半島から日本へ。叙和さんと類順さんは、海峡の両端で翻弄され続けました。二人は、解放後に韓国へ帰らなければよかったと口をそろえます。動乱期の韓国での生活がそれほど苦しかったのでしょう。特に叙和さんは、日本で暮らせることが幸せだとよく言いますが、自分から母国を奪った国に住めることを幸せだと言わざるを得ない複雑な状況に、私たちは考えを及ばせてみねばならないでしょう。ハルモニたちにとって、朝鮮半島と日本列島の間の海峡は、ただの海ではありません。一度越えてしまえばまた越えるのは非常に難しい、果てしなく深い溝なのです。様々な要因がまさに暗礁となって、彼女たちの生活を事あるごとに難航させせました。

その頃、ふたりは……

最後に、識字学級で在日コリアンのハルモニたちと一緒に学んでいる**大城正子さん**(↓91頁)と**高島マリイさん**(↓59頁)に目を向けてみましょう。日系ペルー人である正子さん、日系ブラジル人であるマリイさんの幼少期の記憶にも、様々な歴史が刻まれています。

日本からラテンアメリカへの移住が始まるのは一九世紀末のことです。一八九九年にはペルーへの、一九〇八年にはブラジルへの集団移住が始まりました。移住に積極的だったのは主に農民で、現地へ着くと農場主（パトロン）の農場に配置されました。

移住が継続的なものになるにつれ、府県単位で海外移住組合がつくられ、移住の斡旋《あっせん》を行うようになりました。ラテンアメリカの側にも日本人移民を受け入れる組織がつくられ、その組織が集団移住地を開発していきます。この日本人の集住地は「コロニア」といい、「コロニア」生まれの子どもたちのために学校もつくられていきます。正子さんとマリイさんはこのような環境で生まれ育ちました。

しかし、第二次世界大戦が始まると、ラテンアメリカ各国が連合国側だったこともあり、日本人移民にとって冬の時代が訪れます。ペルーでは日本人移民の収容所がつくられ、ブラジルでも多くの人々が土地の所有権を取りあげられました。もちろん、敵性国家である日本の言葉や教育はすべて否定されました。正子さんとマリイさんはこの頃の体験を作文につづっています（本書には未掲載）。

正子さんは、「日本人の学校がなくなったので、ペルー人の学校に行きました。『チーノ（目が小さいことをからかうことば）。ここはおまえのくにの学校じゃない』といわれました。」とつづっています。「チーノ」とは本来、中国人を揶揄する言葉です。日本人が入植する以前、中国人苦力《クーリー》が多数ペルーへ来ており、中国人の入植が禁止されたのちに日本人がやってきたという経緯があります。そして「チーノ」は、アジア人全般を揶揄する言葉となっていきます。

ペルーの人々にとっては、中国人も日本人も同じ入植者だったのです。

また正子さんは、「はたけをとられて、お父さんが人のはたけではたらいていたら畑の中をとおる人がいてお父さんは『そこはみちじゃないよ』と言ったら、『ここはお前のくにじゃない。どこでもみちだ』と言われた。そのときさみしかった。」とつづっています。「どこでもみちだ」とは、「この国の人間である自分にとっては、すべてが通行可能な道だ」という意味でしょう。

このふたつのエピソードからは、移民たちが移住先で受ける差別が、「ここはお前の（いるべき）国ではない」という論理で行われていたことが読み取れます。こうした差別が、時代や地域を超えて行われてきたものであることは周知の事実です。しかしこういった論理は、移動をめぐる個々の多様な状況や背景を、自己責任に帰してしまうものです。そのため、差別される側に対して最もやるせなさや無力感を抱かせるものだといえるでしょう。つまり、移動に対する無理解から発せられる差別は、「ではどうすればよいのか」という答えのない問いを、差別される側に突きつけるのです。だからこそ「さみし」い気持ちになる。そこでは正当に怒る気力、ひいては権利すらも奪われてしまっています。

一方ブラジルでは、一九三八年、農村地域の学校で外国語教育が禁じられました。教員もブラジル人に限定する外国人入国法が制定され、農村地域の日本語学校は、閉鎖を余儀なくされました。日本語の使用や勉強を禁じられたマリイさんは、日本語を教えてくれる人のもとへ夜中に通っていたといいます。当時ファゼンデーロと呼ばれる大地主が広大な土地を所有しており、そこに集団で人を住まわせていました。そのためマリイさんが通っていた先は、同じ所有者の領地内であったと考えてよいでしょう。マリイさんは、日本語を学びに行く様子を、「せなかにべんきょうどうぐをふろしきにつつんでくくりつけてようふくでかくして行きました」とつづっています。幼いマリイさんが、いつ誰に見つかるか、見つかった場合うまく勉強道具を隠し通せるかと、不安げな顔で夜の闇を行く様子が眼前に浮かぶようです。

その時の状況をマリイさんは「戦争の時ブラジルでは日本ごを外でつかってはいけなくなりました。つかうと外人にすぐにつかまれてろうやにいれられます。」と述べています。ここでの「外人」とはブラジル人のことを指しています。入植者たちも現地の住民にとっては「外人」なのですが、日本からの移民とブラジル人が、互いを「外人」と見なしあっている奇妙な、だが越えがたい壁があったのでしょう。ふたりの文章には被差別の痛みがつづられていますが、奪われ搾取されていたのは、移民だけではないことを忘れてはならないでしょう。

第一部では、ハルモニたちの幼少期の記憶を主に扱ってきました。それぞれの道を歩みながら彼女たちは成長して大人になりました。やがて仕事や人とのつながりを求めてそれぞれに川崎へたどりつき、桜本で出会い、ともに学ぶようになったのです。

第二部

どう生きてきたか

働きづめの日々

ハルモニたちは、子どものころから家族の中で大事な働き手でした。
結婚してからも働いて家計を支えたのは、
多くの場合、女性たちでした。
明日生きていくためのお金をどうやってつくるか。
仕事とくらしの場所を求めて、彼女たちは川崎にたどりつきます。
いい仕事が見つからず、次々仕事を変えながら、
働きづめの日々は子や孫が大きくなるまで続きました。

金《きむ》文《むん》善《そん》

김문선

一九二五年、慶尚南道《きょんさんなむど》巨済《こじぇ》郡に生まれる。一六歳のときに東京麻糸工場の女工募集に応募して、静岡県沼津市へ。三年半ほど働いたあとに工場から逃げ出し、そのまま解放を迎えた。沼津で結婚し、三人の子どもを授かる。三二歳のときに夫を亡くし、知り合いを頼って川崎に移り住んで以来、七二歳で引退するまで屋台店などをやって家族を支えた。

高《たか》島《しま》マリイ

一九二九年、ブラジルのドアルチーノ郊外に生まれる。コーヒー畑を開拓する父母・兄弟とともに、小さいころから畑仕事や家の手伝いをした。小学三年生までしか学校に通えず、一二歳で家政婦になり、レストランでも働いた。その後、結婚して五人の子どもを授かる。一九九三年、六四歳で来日。二〇年間、掃除などの仕事を続けた。二〇一六年にブラジルに帰国。

私のくろう

――金文善

私のくろう

金文善

私は昭和16年16さいときに
東京麻糸がぼしゅにきたので
日本にきました。それから
会社にはいてせいめそで
糸になるものしごとをしました。
終戦ご私は韓国にかえり

＊東京麻糸…東京麻糸紡績。一九一六年創業。一九二〇年代後半から、沼津工場では朝鮮の女性を募集し、寄宿舎に入れて厳しい労働条件で働かせるようになった。一九三〇年代には麻糸の軍需用受注が増え、工場を拡張。一九三九年に戦時強制連行が始まると、沼津工場にも朝鮮の女性が連行され、差別的な待遇のもと長時間労働を強いられた。一九四五年七月に空襲で沼津工場が焼失。朝鮮人女工たちの多くは富士紡小山工場に移され、日本の敗戦後、新潟から集団で国に帰された。

ませんてした。しりあいができて、
うちのひととけっこんして子ども
ができきゅうにおとうさんがなく
なりました。こども三人そだて
るためひっしに働いてきました。
今子どもも働いているから
なんとか生きています。

文善さんは女工として日本に渡って来ました。湿気やほこりの多い、かなり厳しい職場環境であったにもかかわらず、三食きちんと食べられ、時には夜、日本語の勉強もできた日々は、朝鮮でのくらしに比べるとゆとりがあったようで、文善さんが東京麻糸を悪く言うのを聞いたことがありません。

そこで八月一五日を迎えていれば、集団で朝鮮に送り返されていたはずですが、彼女はその前に寄宿舎からの逃亡を試み、二回目に成功して日本に留まることになったのです。知り合いのお姉さんに、外に出ればもっといい稼ぎができると誘われたようです。

沼津時代のこと

―金文善

終戦後沼津にくらしたときたべものはあんまりくろうはしなかった。ふつうに生活するにははいきゅうもあったし、ゆうれいじんこうもあったから、まあなんとか生きてきました。

でもお金がなくっちゃ困るからどぶろくをつくることを考えた。それからきかいをつくってもらってしょうちゅうにしてうりました。

駅前のやたいに自てん車にのせて売りにいきました。それであの時のことはもういいです。

＊ゆうれいじんこう（幽霊人口）
…実際には居住していない人を申告することで生じる、実体のない人口のこと。当時、食糧は配給制であり、存在しない家族・居住者を米穀通帳に記入し、余分の配給物資を受け取ることが行われていた。

김문선

　戦後、ダンナさんは仕事もせずぶらぶらしていたので、現金収入を得るために、文善さんは見よう見まねでどぶろくづくりを始めました。

「あの時のことはもういいです」と彼女が書いているのが何のことであったかを知ったのは、ずっと後になってからです。この頃文善さんはどぶろくづくりの摘発を受け、娘と共に留置所に二泊したり、焼酎づくりの摘発では和歌山にある女子刑務所に数ケ月入ったりしなければならなかったのです。

うちの人がなくなったときのことをはなします

―金文善

うちの人がなくなったとき私はどうしたらいいのかとの事は考える事がおもいつかなかったでした。急なことだからぜんぜん思いがつきませんでした。

そのとき私はとしは32さいでした。子どもが3人いましたのでそのときはかんがえもつかなかったです。

うちの人はお金は一せんものこしてなかったから。どうやって生きていくか考えもつきませんでした。川崎にしりあいがいたので、すむところをさがしてもらってそれでひっこしてきました。

김문선

ダンナさんが出先で倒れたとの知らせを受け、「飛んでいったけれど主人は気づいてくれずそのまま逝ってしまった。医者にもみせられず残念だった」と後悔する文善さんですが、涙する間もなく、その日からのくらしが彼女の両肩にのしかかってきました。

川崎に移るに際しても、子どもを置いて一度相談に行き、それから段取りをつけて動いたとのことですが、「何をするにも先立つものがまったくなくて、どうやってあの時を乗り越えて来たのか、無我夢中で今となっては何も覚えていません」と話します。

無題（抜粋）

金道禮

母は家計がくるしかったので一日中内しょくをしていました。

母は文字もわからず会話もあまり出来なかったので私が内しょくの引き渡しをするようになりました。紡績工場から運ぶ荷物が大量でリヤカーを支えきれず私自身が持ち手にぶらさがってしまった事もありました。道行くおじさんに何度か手助けして頂いた事もありました。

（中略）

私の家からすこし行ったところにリリアン工場がありました。リ

＊リリアン…手芸糸の一種。

김도례

リアンがきれいだったから工場をよくのぞきに行きました。工場の社長さんが声をかけて仕事をしてみるかと時間があるとその工場へ行き仕事をするようになった。夕食やお風呂も頂くこともありました。そうしていたらお給料も下さり、家族で遊びに出かける時も私を一緒に連れて行ってくれるなど大変可愛いがってもらいました。私はまだ小学生でした。

道禮さんはこの時、東京都北区豊島に住んでいて、豊川小学校に通っていました。しかし内職に忙しいお母さんを助け、時には妹を背負って通学し、時にはお弁当を持っていけないこともあり、「朝鮮人！」とよくいじめられたと言います。

でも、道禮さんはめげることなく、何に対しても積極的で、お母さんの内職の納品・賃金受取りという大役をやったり、近所の子どもの中のお姉さん株として小さい子の面倒をよく見たりしたようです。そんな性格だから、リリアン工場の社長さんにも可愛がられたのでしょう。

金道禮さんのプロフィールは一〇頁参照

電車の友だち

―― 高島マリイ

電車の友だち

高島 マリイ

日本にきてからそうぢの仕事をはじめました。朝五時卌五分に電車にのって金沢八景にいき十時まで仕事をして、五反田にいって三時間仕事をしてまた吉祥寺にいって二時間仕事をしました。たくさん電車にのったので たくさん友だちができました。

kashima Marie

よこにすわった人と話をしてすぐに友だちに
なって電話の番号をもらいました。
三十人ぐらい友だちができました。
みんなべつな所に住んでいるのでなかなか
あえません。

二〇十二年　二月八日

日本語を話すことに不自由のないマリイさんは、六四歳で初渡日、まもなく仕事を得ます。働き者の彼女は、ある時期三ヶ所で仕事をし、その移動中の電車で顔見知りになった日本人と仲良くなって電話番号の交換までしたと言います。ブラジル料理やポルトガル語を教えてあげたりしてとても楽しかったそうです。年老いてからの異国（？）での一人ぐらしの寂しさを紛らわす知恵が働いたのではないでしょうか。

私の人生

―― 高島マリイ

私の人生はあんまりよくありませんでした。五人の子供に苦労させました。今でも、クリスマスやお正月にプレゼントもあげられなくてすまなく思います。夫がかいしょうなしで私は六かしょもインプレガダにいきました。インプレガダはかせいふの事です。日本食料品店に朝から六時まで働き、それからレストランに十時まで働きました。ブラジルに日本人のせっけいしが仕事にきていたのでやとわれました。

私は朝ごはんをつくってでかけると夜まで帰れませんでした。すえの娘が夕ごはんをつくってくれました。長女がパーマヤをやってやちんや電気代水道代ガス代をはらってくれました。私は食料品を買

＊インプレガダ…家政婦やメイドのこと。湿地帯に位置するサンパウロでは、住宅にある湿気取りの半地下の部屋（ポロンという）に日本人移民がメイドをしながら住みこみ、やがて日本人街を形成することになった。

kashima Marie

いました。
私は子供のころレストランで働きました。おぢさんはいい人だったけどおばさんはあんまり話もしないでおぢさんとけんかばっかりしていました。だからおもしろくなかった。そのころは毎日霜がおりていました。

小さい体で生真面目に暮らすマリイさん、長幼の礼を重んじるマリイさん、何事にも完璧を目指すマリイさん、自分の考えを曲げないマリイさん。それらは納得しがたいみずからの人生を切り開いていく中で身につけた強烈な個性なのではと思わされます。

Ta

無題

――高島マリイ

一番大事なものはお金です。お金がなかったら人間は生きていけないです。もうすぐブラジルに帰るのでよぶんなものを買わないようにしています。

次に大事なものは洋服です。いい洋服はブラジルに持っていって妹やしんせきにあげようと思っています。持っていかないのはすてるのはもったいないので古道具屋にもっていきます。妹がくれたいろいろなせとものはブラジルに送ろうと思っています。日本のセトモノとブラジルのはちがうのです。

パステスやマカロンをつくるきかいも持っていきたいと思っています。少し重いけどブラジルには売っていないので持って行きます。

＊**パステス**…ラザニアの皮のようなパスタ生地で肉やチーズ、ハムを包んで揚げたもの。日系移民は街中のパステス売りで財を成した者も多く、一九七〇年代のサンパウロのパステス売りの九割以上を日系移民が占めたといわれる。

＊**マカロン**…フランスのマカロンと同じもの。庶民の間では、砂糖を加えた卵白を焼いたメレンゲも時にマカロンと呼ぶこともある。

＊**バカブンド**…本文では「怠け者」となっているが、単に怠惰というよりは不運なこともあってうまくいかない者を指す。

kashima Marie

孫たちに「おやこうこうしてバカブンド（怠け者）にならないようにがんばって下さい。」と言いたい。

桜本で知り合った友だちと、フラダンスを踊ったり絵を描いたりするのが大好きだった彼女ですが、一度もブラジルに帰らずに日本でひとりぐらしをした二四年間は、節約節約の肩肘張った毎日で、お金や物から解放されないままだったのでしょうか。
ブラジルへ帰ったマリイさん、お国は何もかも変わっていて、あなたが持ち帰った物は、時代遅れになっていませんでしたか。あなたは、そこでの生活に対応できていますか。

Ta

くらしの色彩

ハルモニたちの厳しい生活を支えたのは、
人々のあいだで代々蓄えられてきたくらしの知恵でした。

四季折々の彩りあふれる作文からは、
彼女たちが時に楽しみながら、
自分の身体感覚を通して生活の術を身につけてきたことが、
よく伝わってきます。

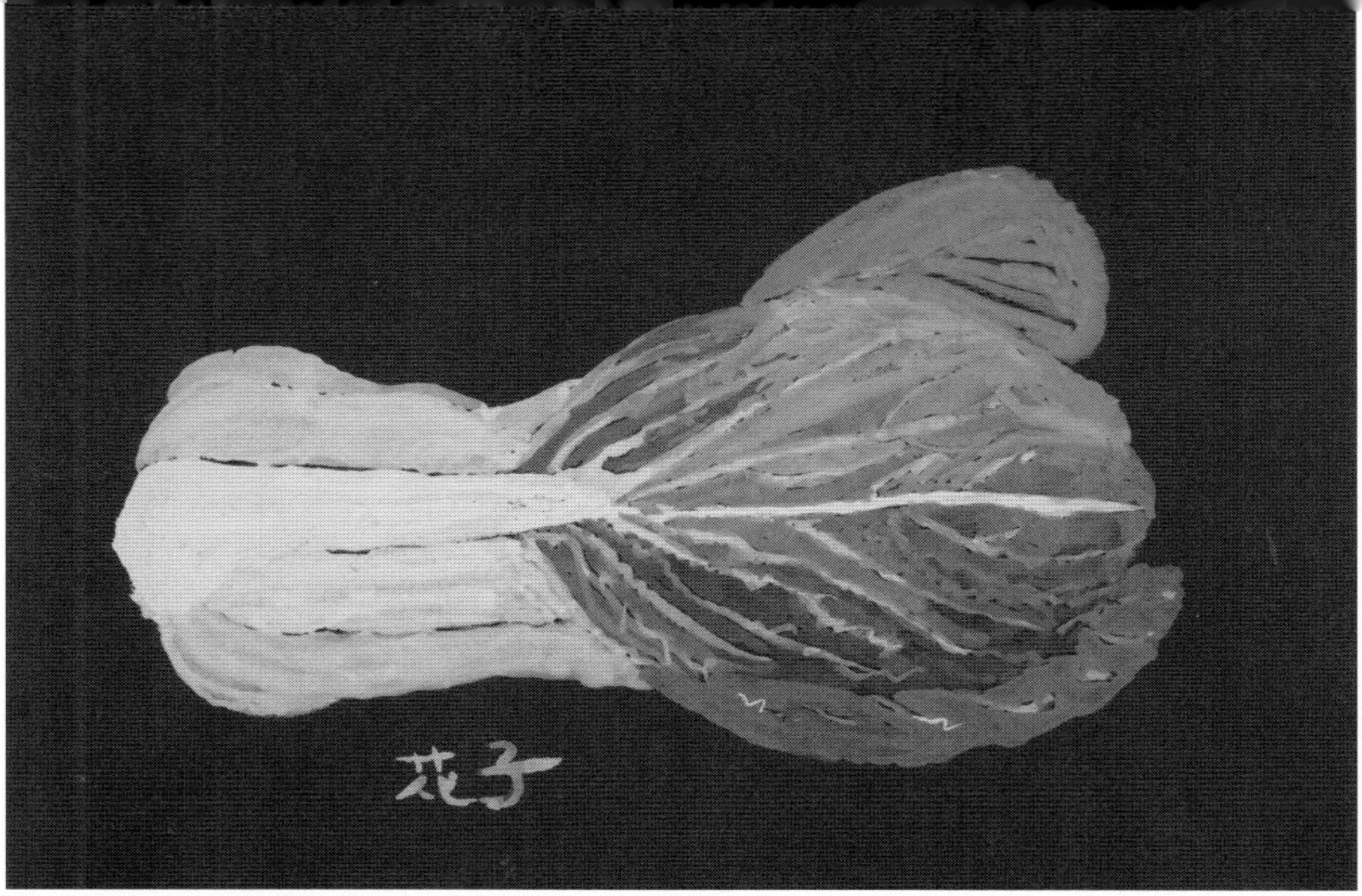
花子

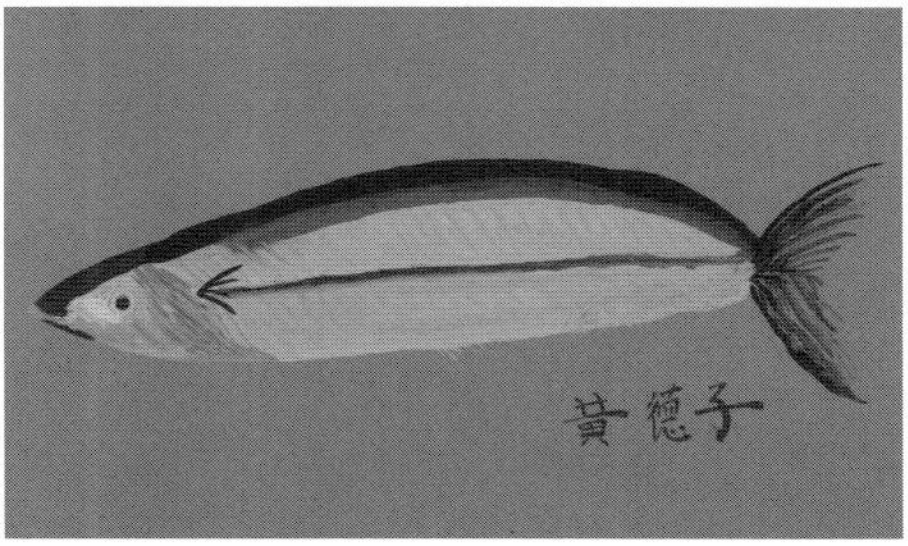
黄徳子

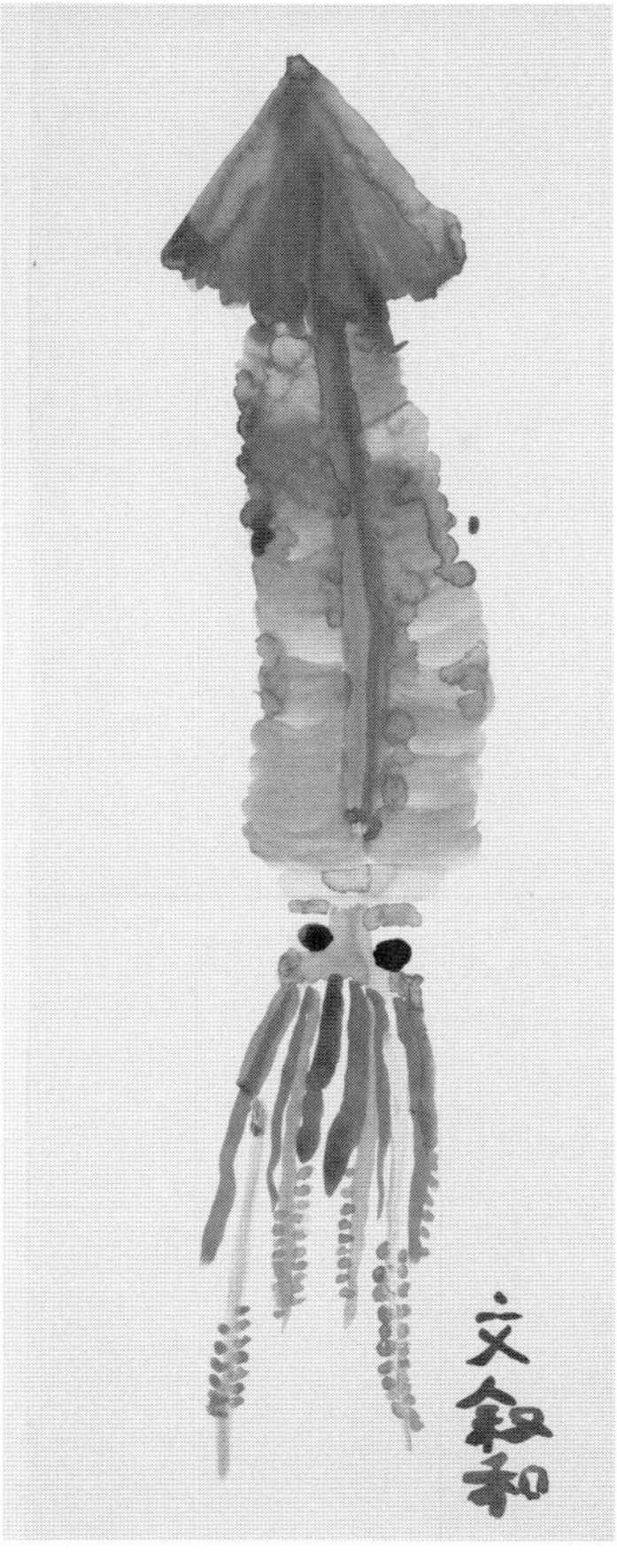
文叙和

朴香季

夏の過ごしかた

―金花子

夏の過ごしかた

金花《ファ》子《ジャ》

昔の生活では暑い時エアコンも扇風《せんぷう》機もない時代に涼しく過ごすために・ゴムのたらいに水を入れその中に入ったり水をかけたりしました。

夕方は家の庭で座卓《ざたく》を出して家族皆でごはんを食べたりお話したり後ですいかを食べて遊びました。

＊**蚊帳**《かや》…寝床に蚊が入るのを防ぐために、吊り下げて使うテント状の道具。麻・木綿などの薄い布でできている。

김화자

寝る前にまた水をかぶって窓を開けました。
蚊《か》がたくさんいるので蚊《か》帳《や》の中で寝ました。
父と母と兄弟達7人が蚊帳の中で寝ました。皆がお母さんのそばに寝たくてけんかして、けっきょく弱い者が泣《な》いてしまいました。
父に「うるさくしないで早く寝なさい」としかられました。

2007年9月4日

朝鮮でも日本でも、戦後しばらくは蚊帳を使っていました。すいかは井戸に吊るしたり、たらいに張った水で冷やしたりしました。

この作文を花子さんが皆の前で読んだとき、「そうそう、蚊帳の中の場所取りは、どこの家でもあった話だね」と、あるハルモニが懐かしそうに相槌をうった顔が印象に残っています。

金花子さんのプロフィールは一一頁参照

暑い夏を涼しくくらすために

—文叙和

昔、小学校の頃、家から二十分ぐらい、はなれたところに、きれいな川があって、友だち五、六人で夕方にあそびに行きました。川の中には、手でとれるくらい魚がたくさんいて、その中に、体をしずめて暑さをしのいだり体を洗ったりしました。

昼間は、家の庭でポンプの水をたらいにくんで体にかけました。食べものは、メロンとかきゅうりなどを井戸水にひもにゆわえて冷やして食べました。

＊**メロン**…ここでは、まくわ瓜のこと。

문서화

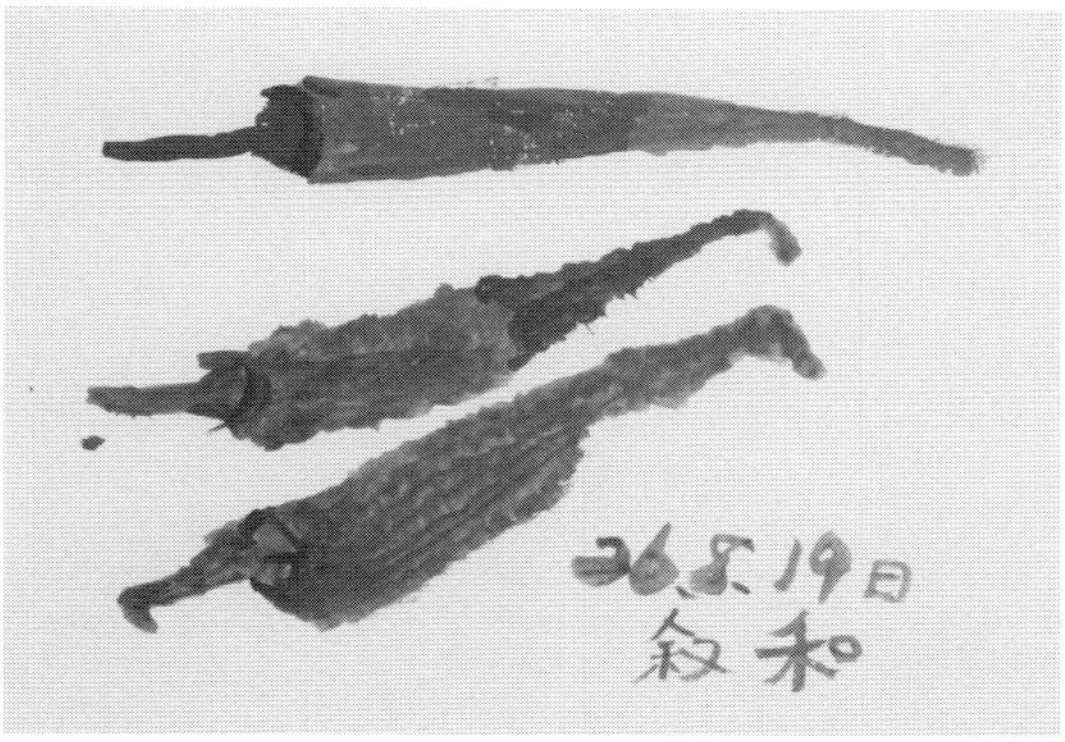

叙和さんが小学校に通っていたころ住んでいた下関は、戦争末期には空襲もあり厳しい状況にありましたが、一方で人々はできる範囲で「暑い夏を涼しくくらすために」楽しみつつ暮らしていたことがわかる文で、ほっとします。

私は海の女

—黄徳子

小さいころおよぎがとくいで海女とよばれていました。
海でとった〝섭《ソップ》〟のおかゆがすごくおいしかったです。
おじさんに船でつれていってもらって息つぎしてもぐり岩についた貝をはがします。
〝섭《ソップ》〟は今ムール貝とよばれてうっています。

***ソップ**…ムール貝のこと。黄徳子さんの郷里ではこのように呼ぶが、ソウル以南では홍합《ホンハプ》という。

황덕자

徳子さんの故郷の話には海がたくさん出てきます。小さいころ、夏は一日中スッポンポンで泳ぎ、疲れてお腹がすくと家に帰ってお母さんが茹でておいてくれたトウモロコシを食べてまた海に行ったそうです。

徳子さんの指導でムール貝のおかゆを識字学級でつくって食べたことがあります。味はもちろん最高でした。

黄徳子さんのプロフィールは
一五七頁参照

雨の日のカムジャチヂミ

―朴春秀

おじいちゃんはカムジャチヂミ　カムジャもち　カムジャスイトンが
大すきでした。
かん国では雨がふったらチヂミをつくろうかといってあさから一日
中つくるんです。
じゃがいもをするのがたいへんでした。

＊**カムジャ**…ジャガイモ。

＊**チヂミ**…水で溶いた小麦粉に、様々な具材を混ぜ合わせ、鉄板の上で薄く焼いたもの。ただし、春秀さんのカムジャチヂミは、ジャガイモをすりおろし塩だけで味付けして焼いたもので、小麦粉は使わない。

＊**スイトン**…韓国ではスジェビと言い、小麦粉に水を入れてやわらかく練り、一口大にちぎって温かいすまし汁やワカメ汁などに入れて食べる。

おじいちゃんは働き者で、春秀さんに色々なものをつくってくれたそうですが、こんな日のおじいちゃんは掛け声ばかりで、女たちが台所で大忙しだったとか。

春秀さんはお料理が上手で、早起きしてたくさんのカムジャチヂミをつくって、識字学級に持ってきて仲間にご馳走してくれます。

朴春秀さんのプロフィールは一一頁参照

はきもののおもいで

―朴春秀

私は7さいからくろいコムシンで小学校にはいりました。五年生のときしろいコムシンに花がついているきれいなのをうちのおばちゃんからもらいました。うれしくてうれしくておもてをはしってはしってまわりました。

このコムシンが学校いくときだけはいてもったいないからくつのしたまできれいにあらってたいせつにしまいました。あそびのときはくろいコムシンであそびました。

こどものころはらぼじがわらぞうりをつくってしごとしているおじちゃんにあげているのをおぼえていますが私はつかったことがありません。

***コムシン**…バレエシューズのような形のゴム製の靴。一九二〇年代頃から朝鮮半島で流通した。

***はらぼじ**…祖父。

박춘수

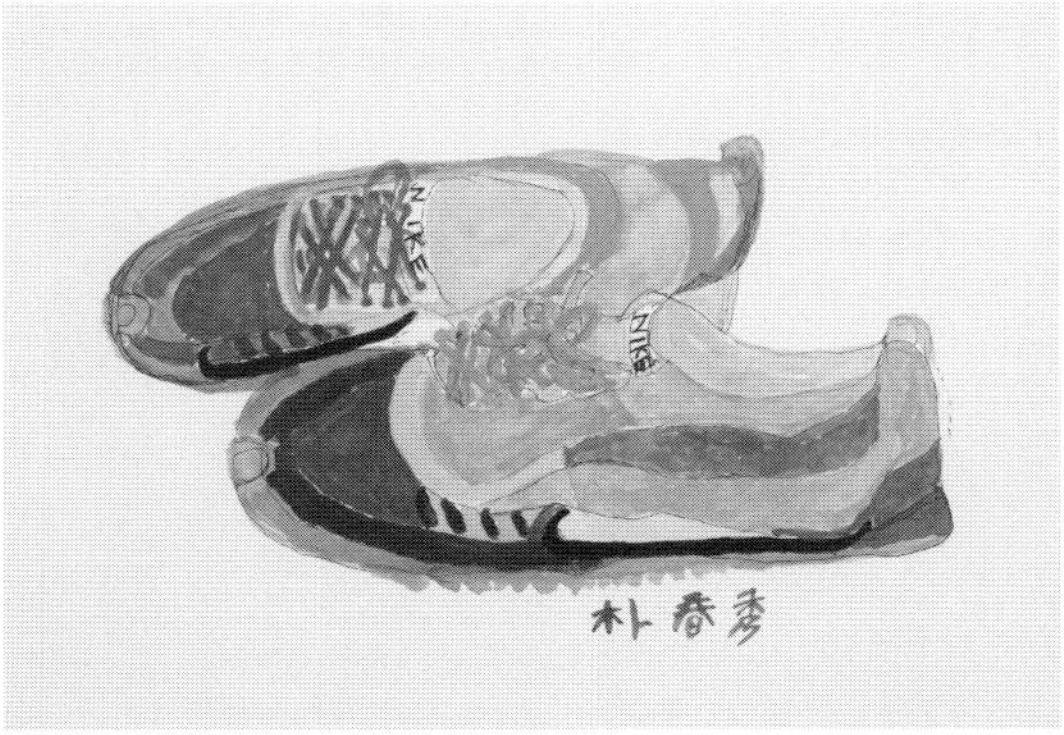

スニーカーの絵を描いたあと、「小さいころどんな履物をはいていましたか」というテーマで話し合い、作文を書きました。こんな何気ないテーマだからこそ、生活の細かな場面が思い出され、少女のころの春秀さんが駆け出していく姿が浮かび上がるような、素敵な文が書けました。

キムチの味のこと。

—文叙和

子どもの時キムチの味は土にうめてあったからしぜんの味でほんとにおいしかったです。夏は冷たいし冬はあたたかかったし一年中あじがかわらなかった。

いまはその味がないんです。いまはじめんがセメントになったからうめられないんです。その味がたべたいです。たれもかんたんでした。

日本の人とけっこんしてたべものにくろうしました。だんなに合せてたべるようにがんばりました。にんにくくせいとゆわれてにんにくつかわないようにしました。はじめは口にあわなくてくろうしました。だんなにもくふうしました。にんにくを入れてないとうそを

문서화

ゆったこともありました。だんなはだまされました。体にいいとゆってたべさせたんです。それからすこしずつたべるようになりました。たべるようになってからくさいとゆわなくなったです。らくになりました。だんなはキムチ作るのを見てました。キムチ作るのを見てからかんたんだとゆったんです。それからキムチを毎日たべるようになりました。

さいしょにだんながキムチをしったのわ私とけっこんしてからハジめてたべたんです。あとでキムチがすきになったんです。日本のおかず1つへらしたんです。らくになりました。


叙和さんは五〇歳のとき、再び日本に渡り、知人から紹介されて日本人と結婚しました。そのダンナさんとのキムチをめぐる攻防が詳しく書かれています。

最近識字教室に加わった石日分さんから、「叙和さんは何年付き合っても考えのぶれない人で、私は尊敬しています。縁のできた人に対しては徹底的に礼を尽くすんです」という言葉を聞きました。

ダンナさんは叙和さんが稼いだお金をパチンコや賭け事に使ってしまうので、彼女は泣かされてばかりだったそうですが、こうして読み直すと、キムチひとつにもこんなに心を砕いて努力する姿から、泣かされてもダンナさんを大事にする叙和さんをみます。

秋夕の行事について

―金文善

今年は九月十四日が秋夕でした。秋夕の料理は私がつくりました。お盆やお正月がくるとなやみます。つくる事がたいへんです。それでも自分でやらなきゃだれもやってくれる人がいまはいないけどどうなるんでしょう。しんぱいです。

今は心配だけどいなかったらいないでなんとかなるでしょう。なやんでもしょうがないと思います。いまは元気なのでこれでいいと思うしかないですね。

＊**秋夕**《チュソク》…旧暦八月一五日のことで、朝鮮では一年の中で最大の名《ミョン》節《ジョル》（伝統的な祝日）とされる。秋夕の日は、朝早く起きて晴れ着に着替え、新米でつくった飯と酒、松餅《ソンピョン》、その年に獲れた各種の果物を先祖に供えて茶礼を行う。それが終わると家族全員で先祖の墓参りに出かける。

김문선

文善さんが、ここでとりあげている秋夕は二〇〇八年のことです。この時、文善さんは八三歳。この頃から文善さんは「八〇を過ぎるとしょっちゅう物忘れして困る」と言い始め、識字学級にも朝、電話をもらわないと出てこられなくなりました。

大切な秋夕の料理づくりは自分の役割だと思っていても、それをいつまで続けられるか不安で、彼女の考えは行きつ戻りつしてまとまらないのでしょう。

家族へ

国と国のはざまで生きてきたハルモニたちにとって、
自分や家族がどこの国で誰と暮らし、
どのように人生を終えるのかということは大きな関心事です。
それは時に、帰ることの叶わなくなった故郷や、
もう二度と会えないだろう家族への、
痛切な思いへと連なっていきます。

大《おお》城《しろ》正《まさ》子《こ》

一九三〇年、ペルーのリマ近郊に生まれる。父は沖縄からの移民で、妻子を日本に残し出稼ぎに来ていたが、ペルー人の女性と結婚し、正子さんほか五人の子どもを授かった。一三歳で両親が離婚してからは、父と暮らす。一六歳で父の勧める沖縄出身の日系二世の男性と結婚。七人の子育てと家事一切、畑仕事もやる多忙な毎日だったが、父や夫に大事にされ、つつましくも幸せな日々を送った。一九八九年以降、子どもたちが日本へ行って働くようになり、家族は離ればなれに。夫の死の二年後、子どもたちに呼ばれ、二〇〇四年に七四歳で来日。現在、子どもたちはペルーと日本に別れて住み、正子さんは日本で次女の家族と暮らしている。

私が死んだら

―大城正子

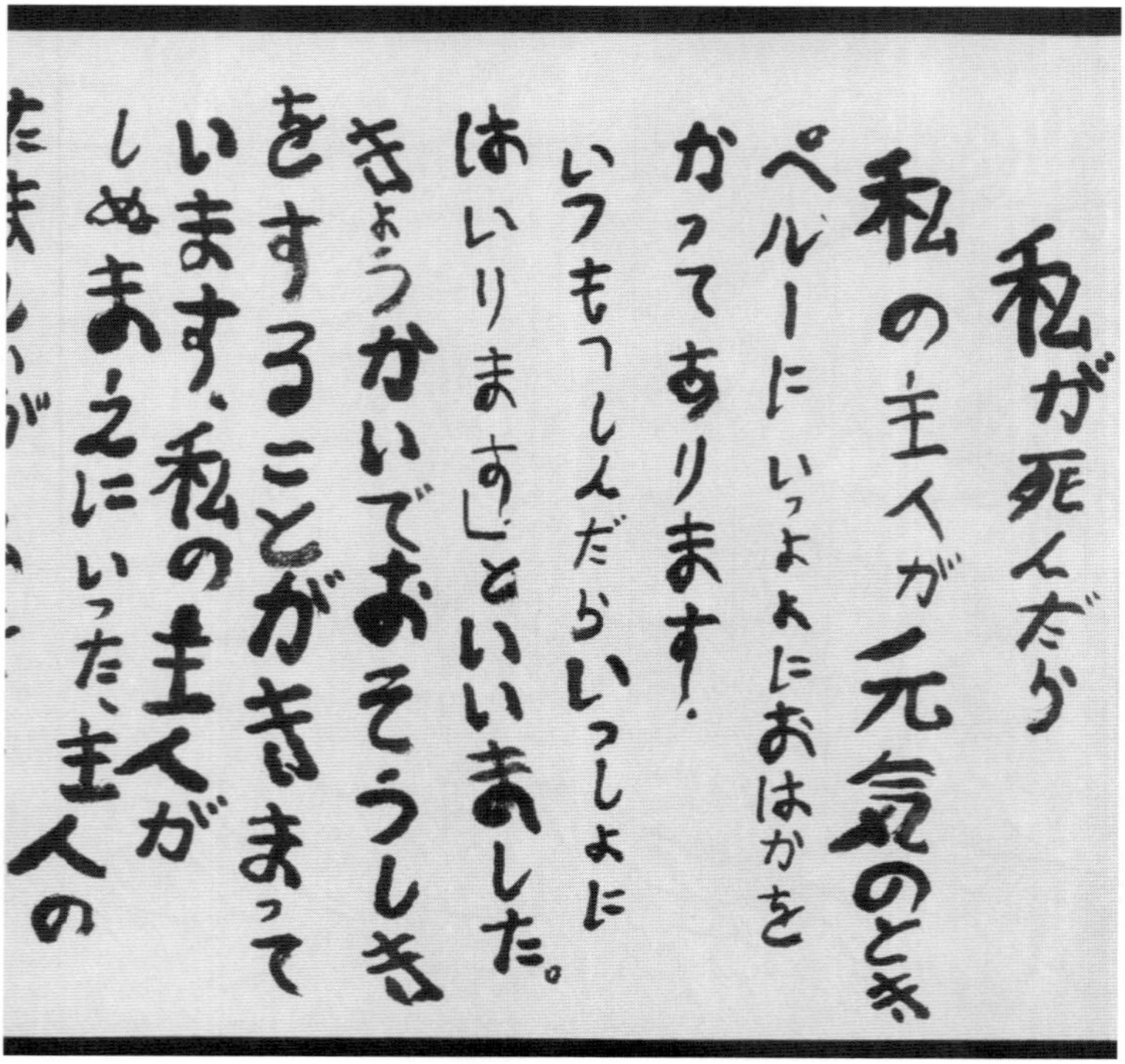

私の主人が元気のとき
ペルーにいっしょにおはかを
かってあります。
いつも「しんだらいっしょに
はいります」といいました。
きょうかいでおそうしき
をすることがきまって
います、私の主人が
しぬまえにいった、主人の

shiro Masako

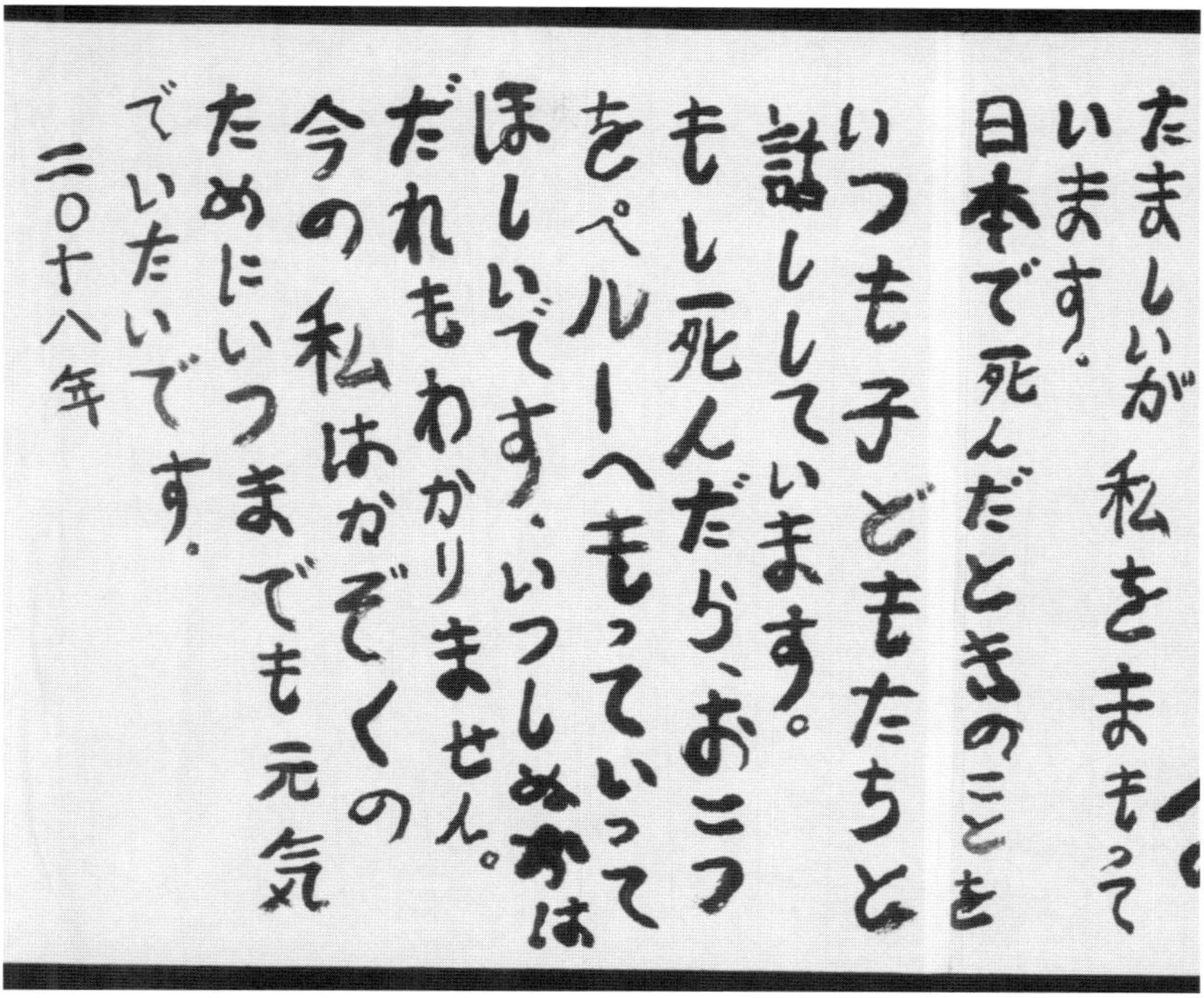
たましいが私をまもって
います。
日本で死んだときのことを
いつも子どもたちと
話ししています。
もし死んだら、おこつ
をペルーへもっていって
ほしいです。いつしぬかは
だれもわかりません。
今の私はかぞくの
ためにいつまでも元気
でいたいです。
二〇十八年

識字学級で、「死」についてよく話し合います。正子さんはそうしたとき、いつも「体の調子が悪くなったら、ペルーに戻り、ペルーで死んで主人と同じ墓に入ります」と言っていました。皆から「そんなに都合良くいくもんですか。なるようにしかならないんだから」と言われたせいでもないでしょうが、「日本で死んだら」に変わってきました。

きょうは沖縄にかえります（お父さんが死んだときのこと）

―大城正子

１９６4年6月24日よるの9時お父さんは74さいでなくなった。死ぬ前のことがいつでも私のこころにのこっています。

お父さんはその日話しました。「私はきょう沖縄に帰ります。きれいになって帰りたいからさんぱつにつれていってください。おふろにはいりたいです。」

私はびっくりしました。「どしてそんなことをいうんですか」とききました。

「私はいつでもあなたのことをおもっています。正子あなたは沖縄に三人お兄さんがいます。私はお金がたりなかった。沖縄にかえれませんでした。死んだら沖縄にかえります。正子いつでも子どもたちをまもってください。あなたの主人もいつでもまもってください。どうしてないている。お父さん神さまのところにいきます。あなたのおじいさんはまっています。私はきょうは沖縄にかえります。」といってなくなりました。

お父さんはいつでも私にいろんなことをおしえてくれました。日本料理、びょうきのくすり、赤ちゃんのめんどうを見ること、家族をたいせつにすることをおしえてくれました。

私はお父さんのいったことがこころにのこっています。

「家族をだいじにしなさい。あなたの主人が大きいこえをだしたときあなたも大きいこえをだしたら子供がびっくりします。だからあなたはしずかに話しなさい。」

私のお父さんはさびしいときたすけてくれました。

お父さんどうもありがとうございました。

正子さんのお父さんは自分の死を予感して、このように見事な死に様を子どもに示すことができたのですが、子どもにとってはにわかに受けとめがたいことであったと想像されます。

お父さんは、沖縄人としての誇りを持ち続けた人で、正子さんに沖縄料理を教えたり、事あるごとに三線《さんしん》を弾いて聞かせたりしました。そして、沖縄に残してきた三人の息子への送金をどんなに苦しくても欠かしたことがありませんでした。お父さんは三〇歳で沖縄を出て、七四歳で亡くなるまで帰郷は叶いませんでした。

木にのぼったこと

―大城正子

にわの中にお父さんが作ったきんかんやざくろやいちじくの木がありました。

私は小さいとき木にのぼってきんかんやざくろの実をとりました。いもうととおとうとが木の下でまっていました。「お姉ちゃんいっぱいとったね」とよろこんでくれました。

夏は木の下がすずしいのでアンテルをしいて家族いっしょにまるくすわってたのしく食事をしました。

13さいのときお父さんとその家をはなれました。ざくろやいちじくを食べられなくなりました。さびしかったです。

34さいのとき20年ぶりにお母さんやいもうとやおとうとにあいに

＊**アンテル**…紋様の入った敷物のこと。

shiro Masako

行ったら、ざくろやいちじくの木がまだありました。まだそこにたっていたのを見て私が小さいとき自分用のはたけでじゃがいもねぎなどを作っていたのを思いだしました。

緑の葉の生い茂った夏の木と、その下でラジオ体操をする人物を描いたことがありました。その後、木にまつわる思い出を話し合って、文に残しました。正子さんは、ここではお父さんの優しさに包まれて家族全員が幸せだった光景と、その後両親が離婚して、正子さんだけがお父さんと暮らすことになった寂しさを書いています。

正子さんは「お母さんは、おいしいペルー料理のつくり方をたくさん教えてくれました」と言いつつ、「料理をつくるとき、私が失敗するとお母さんは厳しく叱りました。するとお父さんは、『正子、ゆっくりおぼえればいいんだよ』と声をかけてくれました」と両親の対応の違いをつらそうに話しました。

木のおもいでがない

—金芳子

私は木のおもいではない。

たんこうのしゃたくにすんでいたけど、しゃたくのまわりには木は1本もなかった。木といえばたんこうのたる木をお母さんや私がもってきて、お父さんが小さくわってくれて、それでごはんをたくくらいでした。

しゃたくのまわりには木はありませんし、やさいなどもうえていませんでした。つみくさもしませんでした。

いま私がやさいなどじょうずにそだてられるのは、千ばに出てきたとき、きんじょの日本人のおばさんにていねいにつくりかたをおしえてもらったからです。


***たる木（樽木）**…炭鉱の坑道の地面に直接取りつけてある階段のことを木路《ころ》という。この木路に使われる木を樽木と呼んだ。

김방자

まさこさんのいえにはお父さんがこどものためにくだものの木をいろいろいっぱいうえたらしい。とてもうらやましいです。川さきにきてから、ともだちとたま川にからしなやふきやもちぐさなどをつみにいきました。やきゅうをする人がたくさん出はいりするようになってつみくさもへってきました。

夏の木の下でラジオ体操をする人物を描いたあと、芳子さんは「私には木の思い出がなにもない」と、面白くないといった顔つきでずっと話の輪から外れていました。どういうことかとよくよく聞いてみると上のような話をしてくれました。

正子さんのお父さんに対して「信じられん。売るつもりじゃなくて、子どもらに食べさせようと思って、木を植えてくれるなんて、信じられん」と羨ましそうに言って、生活が苦しくても親が優しく接してくれれば、子としてはそれだけでどんなに心が休まったかとつぶやくのでした。

無題

―高島マリイ

お父さんはこわい人でした。子供たちはお父さんとはあまり話をしませんでした。でも、お父さんは働きものでした。私たちはいつも何かやっていないとおこられます。お父さんは本当は指物屋でした。それでもいろいろな仕事をしていました。けんちくや家をたてたりうんてんしゅしたり川の橋を作りました。仏壇や仏さまや神様かんおけも作っていました。しょうばいではなくて人にしんせつにするのが好きでただで作ってあげました。お父さんは友達とかぞくづれで川に遊びにいくのが好きでした。川ごとあみで魚をとってさしみやみそしるごはんいろいろなものをつくってたべました。お母さんはくろうばっかりしていました。子供が八人もいましたのでよそに

＊指物屋…板を合わせて様々な物を作る大工の一種。個人を指す場合、日本では「指物師」の方がよく使われるが、ブラジルでは八百屋、魚屋と同じように指物屋と言うことが多い。

＊神様かんおけ…キリスト教様式の柩をマリイさんはこのように呼んでいた。ブラジルでは今も土葬が一般的であり、厚い板を貼り合わせた柩に遺体を納め、それを墓地の穴に埋葬する。

＊フェジョン…煮豆のこと。ブラジルではご飯に煮豆を汁ごとかけて食べる。本文に出てくる豚の内臓や豚足と一緒に豆を煮込んだものは、「フェイジョアーダ」と呼ばれるブラジルの国民食。

Takashima Marie

は仕事にいけませんでした。お母さんは話が好きでしたからたまに友達の所に遊びにいっていました。お母さんはカステラやまんじゅうみそやとうふせっけんもつくっていました。家でぶたをかってていてつぶしてちょうづめをつくったり、はらわたでせっけんをつくったり、油をとったり、耳と舌はゆがいてすみそで食べ、足は、フェジョン（豆）とにこんでたべます。肉はみそにつけて長くもつようにしました。お正月はのりまきやおぞうにいろいろなものを作ってくれました。ようふくやコートもぬってくれました。子供たちのさんぱつもしてくれました。子供が八人もいたのでお母さんは大へん苦労しました。歌も好きでいつもうたっていました。

「女学校まで出て、何でもできたお母さんを大事にせず、子どもたちには優しい言葉のひとつもかけてくれたことのない、どうしようもないオヤジだった」と、お父さんを語るマリイさんの言葉はいつも辛辣で情け容赦がありません。

でも、識字学級でお父さんのことを書くために改めて思い出してみると、こんなにもいいところのあるお父さんだと気づいたのです。

戦争のとき

―金文善

私は沼津に住んでいました。８月15日戦争がおわったときいてほんとうにうれしくてホっとしました、それからも、いろいろくろうをしました、今ほんとうに幸わせです。

でもね、私の弟が群馬県のかい軍こうしょうにえらばれて、となりの友だちといっしょにいったそうです。終戦ご自分の田舎にかえされました。そのとき汽車にのっていきながら私のあねが沼津にいるんだと思ったのに残念ながらあえないままかえりました。

その弟はいきていれば本とうにどんなにいいでしょと思います。だけど南北の戦争がわるいです。こんなに私をかなしませて戦争がにくい。

＊かい軍こうしょう（海軍工廠）
…艦船や兵器の造修、新技術の実験などを行った海軍の工場。

김문선

せっかく国にかえったのに弟はこの戦争でなくなって本とうにかなしくてなりません。
いまでもおもいだすと悲しくてなりません。
田舎にかえるとき私のところによってれば死なないですんだのに本とうにざんねんでなみだがでてたまりません。

文善さんの弟さんに対する思いがあふれた作文、これは一級の追悼文です。工場から脱走した結果として日本に留まった文善さんと違い、弟さんは他の朝鮮人と一緒に集団で国へ帰っていきました。弟さんだけ別行動をとることは許されなかったのだから、と話しかけても、文善さんの耳にそんな言葉は入らないのです。

その後も繰り返し残念がり、「弟は私のことを恨んでいるのか、夢にも出てきてくれないのよ」と再三嘆くのです。

解説

在日コリアンの労働の軌跡

金文善さんは、識字学級が開かれた当初から参加していた数少ないひとりです。彼女はもともと川崎の西中原中学校夜間学級に通っていたので、漢字も読めますし書くことにも慣れています。ひとりで開いたお店が軌道に乗り始めたころ、お店を従業員に任せて夜間中学に通いつつも、学校が終わったあとは夜中までお店に立ち続けました。

文善さんの故郷は、慶尚南道《きょんさんなむど》の巨斉島《こじぇど》です。韓国では済州島《ちぇじゅど》の次に大きい島として知られており、海と山に恵まれた豊かな土地ですが、日本から行くには飛行機や船を乗り継いでいかなければいけない場所でもありました（現在は釜山《ぷさん》から橋が架かっています）。そのため簡単に帰ることができず、文善さんはある作文で「ふるさとは好きでも遠くて行かれない」と、切ない思いをつづっています。

文善さんは、東京麻糸紡績沼津工場の募集に応じるかたちで、一九四一年渡日しました(↓60頁)。解放後、文善さんは、いい仕事にありつけなかった夫の代わりに、子ども三人を育てるためにひとりで生活を切り開いてきました(↓62頁)。焼酎をつくり売り歩く中で、摘発を受け子どもを児童施設に預けて刑務所に服役したこともあるそうです。

日本の敗戦後、混乱と貧困のなかで、多くの在日コリアンが、食い扶持《ぶち》を稼ぐためにどぶろく（マッコルリ）やカストリ焼酎、清酒をつくり始めました。米や麦などの原料と麹、そして水があればすぐに醸造できるこれらの酒は、貴重な生活の糧《かて》となりました。もともと朝鮮ではお酒をそれぞれの家庭で手づくりする文化があり、その技法が日本にも持ちこまれたのです。戦後すぐの日本では酒は配給制で、需要を満たしきれず密造酒が出回ることになりました。

もちろん、酒の密造は酒税法違反として税務署や警察によって厳しく取締られていきます。取締りの強化には、主食（密造酒の原料である米や麦）や税収源を確保したかった日本政府の思惑がありました。このようにして、朝鮮人＝酒を密造する＝悪という図式が成立していきました。朝鮮や台湾の人々を指す差別用語「第三国人」は、この時期に使われ始めたと言われています。ですが、密造に手を出さざるを得なかった背景——具体的には解放後、七割以上の在日コリアンが失業状態にあったことなど——と、植民地支配の対象にした人々の生活権の保障もせずに、犯罪者というレッテルを貼って抑圧する政府のあり方とを、押さえておく必要があるでしょう。

どぶろく取締りは、川崎でも大規模に行われました。一九四七年六月二三日、武装警官や税務署職員約三〇〇名が、朝鮮人集住地である桜本三丁目、入江町、水ノ江町を包囲し家々に押し入りました。相次ぐどぶろく摘発の中で、多くの在日コリアンは養豚業へ転換していました。後ほど紹介する金道禮さんは一九四六年に川崎池上町に住んでいましたが、同じころにどぶろくづくりから養豚業へ転換しており、摘発の影響の大きさが垣間見えます（1）。

夫を早くに亡くし沼津での生活が立ち行かなくなった文善さんは、どぶろくづくりをやめ、知り合いを頼って川崎に越してきました。（↓64頁）三三歳でした。それから仕事を辞める七二歳まで、生活のために少しでも多くの収入を得ようと働き続けた四〇年間でした。一時は屋台をやっていて、暑い日も寒い日も、子どもに夕食を食べさせたあと屋台を組み立て始め、そのまま朝まで働きました。屋台の棒を握りしめて、そのまま眠りこんでしまったことがたびたびあったそうです。

金道禮さんも、戦後の在日コリアンの労働の軌跡を体現するひとりです。彼女は慶尚北道《きょんさんぷっと》青松《ちょんそん》郡で生まれ、一九三一年、五歳のときに渡日しました。先に出稼ぎに来ていた父を迎えに行くつもりだった母は、四人姉妹の末っ子だった道禮さんだけを日本に連れて行きました。三人の姉はその後、何度かの失敗の末に渡日に成功したそうですが、道禮さんは詳しいことについては「涙なしには話せないんです。この歳になってもだめなんです」と口をつぐんでしまいます。語るにはあまりにつらい思い出なのでしょう。

はじめ道禮さん一家は、北区豊島の朝鮮人集住地に住んでいました。作文に書かれているのもこの頃のことです（→66頁）。戦争が始まると山梨県甲州市塩山に一家で疎開しますが、そこで父はこれといった仕事にありつけず、両親は川崎へ移って飯場を始めました。六人になっていた弟と妹の世話は道禮さんがせねばならず、まだ一四歳だった彼女は塩山の家の世帯主となり、家を切り盛りしました。あるハルモニは、道禮さんが子どものころに何でも自分の頭で考えてやらなければいけなかったことが、彼女に生きる知恵を与えたと評します。

道禮さんは一九歳のときに親が決めた人と結婚し、川崎市池上町に転居しました。一九四八年には桜本に移り、どぶろくや焼酎づくり、養豚業、寿司屋、パチンコ店、焼肉屋と、転々としながら商売を続けていきました。パチンコや焼肉屋といったサービス業は、厳しい就職差別の中で多くの在日コリアンが選んだ典型的な商売でした。道禮さんは面倒見のよさもあってか、長らくサービス業に従事してきましたが、サービス業が肌に合わない人たちは、道路建設などの肉体労働に従事せねばなりませんでした。

いま、桜本商店街の入口には、『桜苑』という焼肉屋があります。道禮さんが長年切り盛りした『桜苑』は息子に引き継がれ、今も桜本の人々に愛されています。

移民と「デカセギ」

高島マリイさんの両親は、一九二九年、長崎から出ていた移民船「備後丸《びんご》」でブラジルへ旅立ちました。その時マリイさんは母のお腹の中におり、同年にブラジルで生まれました。

マリイさんは幼いころから、コーヒー農園で働く家族を手伝っていました。たったひとりでヒョウや大蛇のいるジャングルへ、伐採をしている父と兄のために、お弁当を届けに行ったこともあるそうです。「私の人生」に「子供のころレストランで働きました」とあるのは一二歳ごろです（↓71頁）。小学校は三年までしか通えず、ブラジル語も日本語も中途半端になってしまったようです。日本の移民政策は国家規模の棄民だったとも言われますが、まさに国家と戦争に翻弄された人生でした。そうした苦労の根底にあるものが在日コリアンのハルモニたちと共通しているために、識字学級にもとけこむことができるのでしょう。

ブラジルで結婚し家庭を持ってからも、働きづめの日々は続きました。「私の人生」には、「五人の子供に苦労させたこと」が淡々とつづられていますが、まさに家族総出で働いていたことがわかります。（→70頁）そうした中、一九九三年マリイさんは、日本人と結婚し日本に住んでいた妹を追うかたちで渡日します。

ブラジルでは二〇年以上続いた軍政（統制経済）から民政（自由経済）への移行期だった一九八五年に、ハイパーインフレーションが起きます。さらに一九九〇年、日本では「出入国管理及び難民認定法」が改正・施行され、「定住者」という新たな在留資格がつくられました。この資格に、日本人の子の子（実子の実子）として出生した者とその配偶者や、かつて日本国民として本籍を持っていた者などが含まれていることから、この資格は日系人を想定したものであったと言われています。

ブラジルの経済状況と日本の法改正、このふたつを背景に、日系ブラジル人たちは日本へ出稼ぎにやってきます。それはちょうど、高度経済成長期の日本で頻繁に行われた、農村部から都市部への「集団就職」の減少と入れ替わるかたちでした。この時期、「デカセギ」という言葉はポルトガル語のひとつになりました。家族単位で日本へ移住したケースもあり、それが今日、「デカセギ」二世の教育や就労支援といった課題を呼びこんでいますが、マリイさんは単身での渡日でした。

女性が単身で他国へ出稼ぎに行くケースは世界中で見受けられます。彼女たちの主な仕事は、住みこみのメイドや性労働などです。一九八〇年代、東南アジアから日本へ出稼ぎに来て性労働に従事する女性たちは、「ジャパゆきさん」と呼ばれました。この言葉は、明治末期に最も盛んだった、日本から東南アジアへ行き娼館で働いた女性たちを指す「からゆきさん」をもじっています。「からゆきさん」たちは、主に貧しい漁家や農家から女衒《ぜげん》を通して集められ、海外に送られました。国の経済状況のあおりを最も悲惨なかたちで食うのは、女性たちなのです。

さて、マリイさんは、日本で清掃の仕事に従事することになりました。「電車の友だち」には、一日に三ヶ所も電車を乗り継いでまわったことが書かれています。（→68頁）隣に座った人とすぐに友だちになったというエピソードからは、マリイさんのフレンドリーな人柄が窺えます。「みんなべつな所に住んでいるのでなかなかあえません」とも書かれていますが、一期一会のめぐりあわせを楽しみにして、電車に乗っていたのだろうかと想像させてくれます。

マリイさんは識字学級で、自分の仕事が丁寧なことを誇らしげに語ります。「一番大事なものはお金です。お金がなかったら人間は生きていけないです。」という言葉は、彼女の仕事に対するプライドと一対のものだと言えるでしょう。（→72頁）マリイさんは、二〇一六年一二月、子どもたちのいるブラジルへ帰国しました。ブラジルへのお土産についてつづったマリイさんが、家族に囲まれ元気でいることを私たちは願っています。

家族のかたち

大城正子さんは、沖縄出身の父とペルー人の母の間に生まれました。綿栽培の農園で働く両親を支えるために、お弁当をつくって持っていったり、四人いる兄弟の面倒を見たりと、忙しい日々を過ごしながら正子さんは大きくなりました。一三歳のときに両親が離婚したあと、母や兄弟と別れて父と暮らすようになりますが、異国ぐらしの中で、正子さんが父にとって大きな慰めだったことは想像に難くありません。正子さんは父の深い愛情を受けて育ち、正子さんもまた父を慕いました。

正子さんが日系二世の夫と結婚してからも、父は正子さんの育児を積極的に手伝い、夫は自分が経営していた店を畳んで正子さんの父の稼業を手伝いました。生活と仕事の両面で互いに助け合う家族は、強い絆で結ばれることになりました。こうした強い絆が子どもたちへも受け継がれたことは、正子さんが子どもたちに呼ばれて渡日したことからもわかります。日本での正子さんは、外へ働きに出ている子どもたちの代わりに孫の面倒を見る役割を担いました。「主人のたましいが私をまもっています。」という強い信頼、「かぞくのためにいつまでも元気でいたいです。」というエネルギーは、こうした絆によるものなのです（→93頁）。

さて、正子さんの「木にのぼったこと」（→96頁）には、父の優しさのもとで家族が幸せに過ごした時間が描かれていますが、ほかのハルモニたちの作文と並べてみると、それぞれに父親との関係や距離感の違いが浮かびあがってきます。父と細やかな愛情を交わした正子さんとは対照的に、**金芳子さん**をはじめ在日コリアンのハルモニたちは父親と親密だったという人は多くありません（→99頁）。その背景には、儒教の影響が強い朝鮮人家庭における男性中心主義があると考えられます。一方、マリイさんも自分の父へ厳しい視線を送っていますが、これは母の苦労を間近で見ていたからでしょう（→101頁）。マリイさんの母は、異国での過酷な生活になじめず苦労し、結果的に夫との仲も険悪になっていったようです。ですが、書くという行為によって、優しい母の背中を思い出しつつ、父を再発見しています。

家族離散という経験

「家族へ」に収められた作文には、それぞれの家族のかたちだけではなく、国と国のはざまで生きた人々が必然的に直面しなければならなかった、家族離散の経験も刻まれています。正子さんの父は、日本に妻子を残したまま、ペルーで正子さんの母となる女性と結婚しました。このような重婚は、「外地」＝朝鮮半島や満洲、台湾などと、「内地」＝日本列島を行き来した人々の間でもよく起きたことでした。家事を仕切り男性の面倒をみる存在としての「妻」が必要とされていたからこそ、重婚という現象が起きるのでしょう。正子さんの父は、「正子あなたは沖縄に三人お兄さんがいます。私はお金がたりなかった。沖縄にかえれませんでした。」という最期の言葉を残して亡くなりました。（↓94頁）日本にいる妻や正子さんの異母兄弟もまた、正子さんの父に二度と会えなかったことになります。

時代が下り、今度は正子さんの子どもたちが、「移民と「デカセギ」」の項でも触れた「出入国管理及び難民認定法」の改正・施行を受けてペルーから日本へと渡りました。正子さん夫婦は、子どもたちに家族のことをいつでも忘れないよう伝えますが、遠く離れたペルーと日本、そう簡単に何度も会いに行くことはできません。結局正子さんの夫は、日本に行ってしまった子どもたちとはその後会えないまま亡くなりました。強い愛情で結ばれた家族の背景には常に、経済事情や法律によって不安定な状態に置かれ、何かが起きてしまえば二度と会えなくなるかもしれないという可能性が潜んでいます。

一方で、在日コリアンのハルモニたちの中にも、家族離散を経験した人がいます。金文善さんも、家族と二度と会えなかったことに対する無念さを、作文でにじませています。ほんの少し何かが変わっていれば、文善さんと弟は再会を果たせたのではないかと思わせる文章が、「戦争のとき」（→102頁）です。弟が人混みに紛れて沼津周辺で汽車を降りていたら……文善さんが解放直後、弟に会いに群馬県に行っていれば……「たられば」の話に過ぎないことは確かですが、そう考えてしまうほど、ほんの小さな「したこと」と「しなかったこと」が家族の命運を大きく変えてしまったのです。ハルモニたちが国のはざまでいかに翻弄されていたかがわかります。

第四部で紹介する**呉琴祚さん**も、家族離散を体験したひとりです。彼女は、一九五五年頃、遠方に住む姉に会いにいったことをつづっています（→160頁）。このエピソードを人に語るのに半世紀もの時間がかかった背景には、「帰国事業」がありました。「帰国事業」とは、主に一九五〇年代末から六〇年代にかけて、延べ九万人の在日コリアンが北朝鮮（朝鮮民主主義人民共和国）へ渡っていった事業を指します。在日コリアンの中で朝鮮半島北部出身者は珍しいほど少ないのですが、「帰国事業」には南部出身者も多く参加しました。当時北朝鮮は、在日コリアンを国民として歓迎すると宣言しました。そこに、日本人の雇用を横取りするとして在日コリアンを国外へ出したかった日本政府や、「人道主義」から支援した赤十字などが加わり、「帰国」支援のキャンペーンを大々的に張りました。貧困や差別にあえぎながらその日ぐらしをしていた人々にとって、衣食住を国家が保障してくれる「社会主義ユートピア」は、どれほど魅力的だったことでしょう。ですが「帰国」した人々には、政治的粛正や飢餓といった困難が待ち構えていたことがわかっています。琴祚さんの姉は「帰国」後に病で亡くなり、姉との思い出は琴祚さんの胸の奥底にしまわれました。

生き別れて再会して、また生き別れる。その過程は、植民地支配とそれからの解放、そして朝鮮戦争勃発、「帰国事業」と、東アジア情勢の激変が人々に与えた影響の具体的なあらわれです。日本、韓国、北朝鮮、それぞれがそれぞれの思惑で、在日コリアンを貴重な労働力とみなしたり、自国民に編成しようとしたり、外国人として排除しようとしたりしました。国家に振り回され移動や家族離散を強いられた朝鮮人・韓国人は、東アジアの政治情勢の最大の犠牲者なのです。

文化を継承する

様々な困難をくぐり抜ける中で、ハルモニたちと家族を支えたのは、親の代、祖父母の代から受け継がれてきた確かな生活力、そしてくらしを楽しむ心でした。**金花子さん**と**文叙和さん**の作文は、識字学級で「暑い夏を涼しく暮らす工夫」というテーマで話し合ったときに書かれたもので、暑さをしのぎながら家族や友だちとにぎやかに過ごす姿が描かれています(↓76―79頁)。打ち水は今でも昔ながらの避暑術として行われますが、体に水をかけて暑さをしのぐのが当時は一般的だったのでしょうか。ほほえましく涼しげな夏の風景は、まるで一葉の写真のようです。

朴春秀さん(↓82頁)の作文には、わらでぞうりを作ったり(↓84頁)、雨の日に張り切って料理の音頭を取ったりする祖父の姿が登場します。「雨の日のカムジャチヂミ」にはじゃがいもをすってチヂミをつくったとありますが、つくるのに「一日中」かかるのも不思議でないくらい、大変な手間だったでしょう。千切りしたじゃがいもでつくる現在の一般的なチヂミに比べて、よりなめらかな舌触りを楽しめたのだろうと、想像が膨らみます。

黄徳子さんの「私は海の女」(↓80頁)では、幼いころ「海女」と呼ばれていたことを誇らしげにつづっています。海女というと済州島が有名ですが、海女業をしている人は朝鮮半島沿岸部に広く存在していました。徳子さんの一家にとって、海は大事な生業の場だったようです。徳子さんは、今も料理に魚や貝を豪快に使います。材料を節約することは頭にものぼらないような姿から、彼女が豊かな海の幸の恵みを受けながら育った様子が思い浮かぶようです。

「くらしの色彩」に収録された作品を読むと、ハルモニたちは、文字を介さずに文化を継承していたことがわかります。それを示すのが、金文善さんの「秋夕の行事について」(↓88頁)と、文叙和さんの「キムチの味のこと。」(↓86頁)です。

文善さんが書いている秋夕《チュソク》は、数ある朝鮮・韓国の名節《ミョンジョル》の中でも最大のイベントです。朝鮮・韓国の祭祀《チェサ》はしきたりが細かく決められており、回数も多く、準備をする女性たちの大きな負担となります。祭祀の数が多いほど女性の寿命が縮まるという言い伝えもあるほど、女性たちにとって過酷な行事です。文善さんは準備をひとりで行っていたようですが、字が読み書きできない場合、しきたりや準備するべき食べ物などはすべて記憶に頼らざるを得ません。去年のことを思い出しながら、今年の気候や作物の出来具合によってやり方を調整する——一年をサイクルとして習慣化された文化は、身体化された知だといえるでしょう。ハルモニたちが、文化を頭ではなく〝手〟で守ってきたことがよくわかります。

叙和さんの書いているキムチの漬け方についても、それは同様です。朝鮮半島ではかめを保存容器として用いており、冬の間は土に埋めて保存しました。土でできたかめは外部の気温変化の影響をあまり受けず、キムチの味を保つことができたそうです。保存のための添加物をいっさい使わない「しぜんの味」とは、まさに〝手〟で伝えられてきた味なのでしょう。夫をキムチ好きに変身させることに成功したエピソードは、文化の違いを乗り越えながら自国の文化を守ってきた朝鮮の女性たちの経験を確かに伝えてくれます。それは、和食のおかずをひとつ減らして「らくになりました」と書くことに表れているような、女性たちのしたたかさとユーモアの表出でもあります。

(1) どぶろく取締りについては、李杏理「『解放』直後における在日朝鮮人に対する濁酒取締り行政について」『朝鮮史研究会論文集』第五一集、二〇一三年を参照した。

第三部

いま思うこと

・老いと向き合う

・はじめて声をあげた日

老いと向き合う

最近の識字学級では、ハルモニたちが高齢を迎える中で、
老いについて話し合うことが多くなってきました。
少しずつ自由がきかなくなる自分の体とどう付き合っていくか、
最期の時をどのように迎えるか。
答えのない問いに心をゆさぶられながらも、
彼女たちは時に真剣に、時にひょうひょうと、
自分の老いと向き合います。

子供たちへ

―崔命蘭

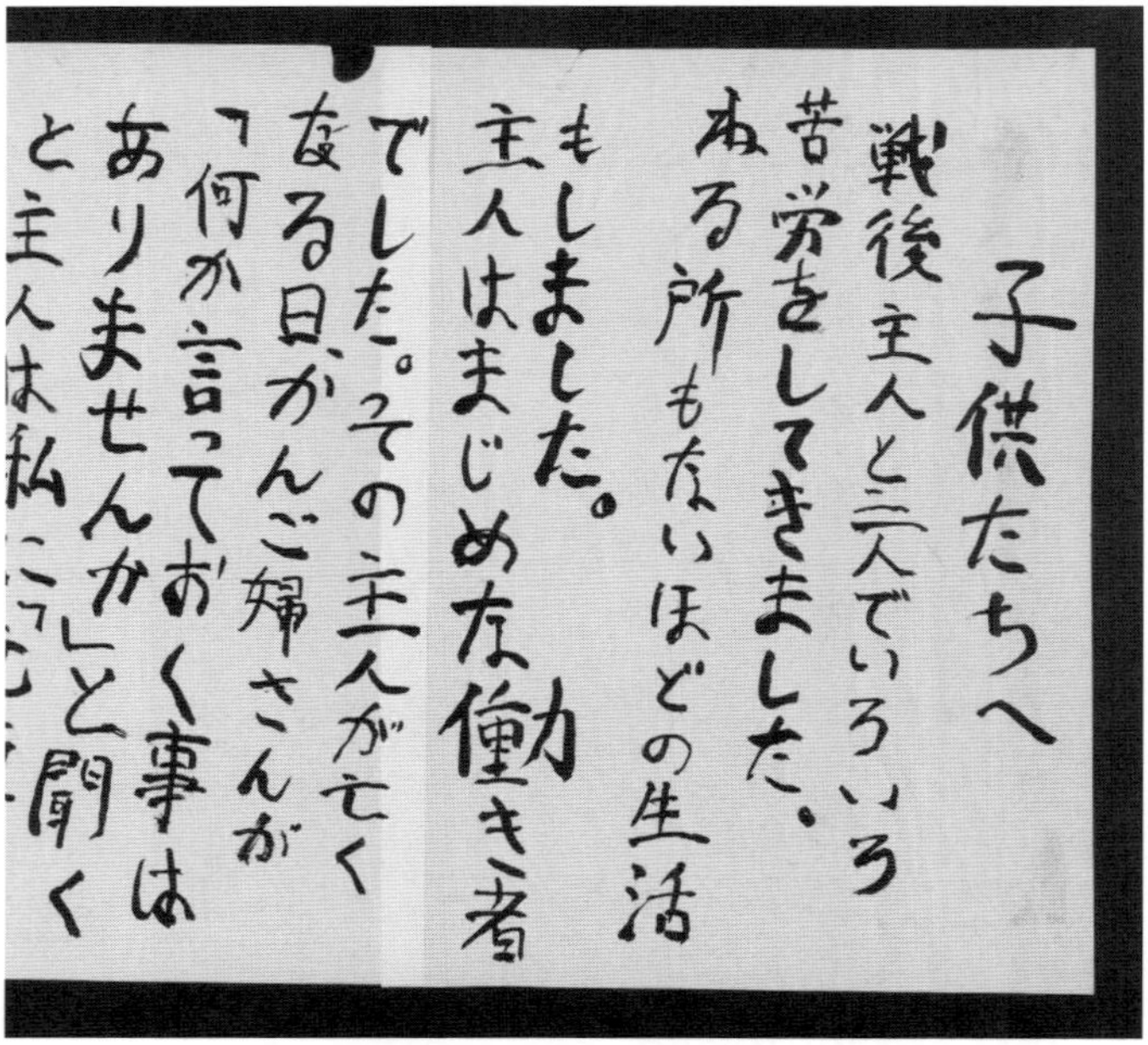
子供たちへ
戦後主人と二人でいろいろ
苦労をしてきました、
ある所もないほどの生活
もしました。
主人はまじめな働き者
でした。その主人が亡く
なる日、かんご婦さんが
「何か言っておく事は
ありませんか」と聞く
と主人は私に「

최명란

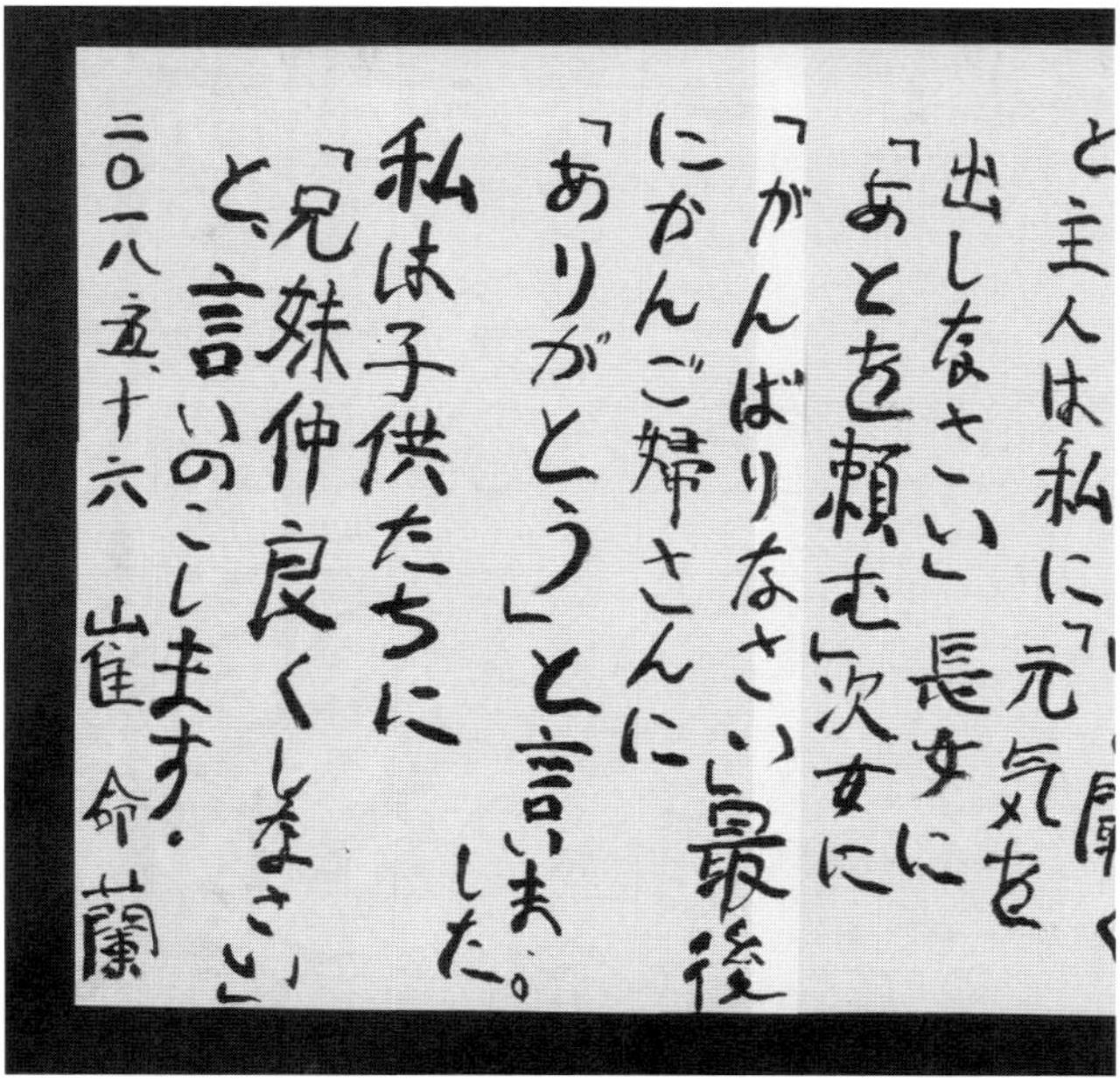
と主人は私に「元気を
出しなさい」長女に
「あとを頼む」次女に
「がんばりなさい」最後
にかんご婦さんに
「ありがとう」と言いました。
私は子供たちに
「兄妹仲良くしなさい」
と、言いのこします。
二〇一八、五、十六　崔　命蘭

命蘭さんは、二〇一七年五月、娘さんの助けを借りながら、ご主人をしっかりお見送りすることができました。この文からご主人とのお別れがとても行き届いたものであったことが読み取れます。そこには「私たちもこうありたい」と思わせる温かさがあります。寂しさを乗り越え、命蘭さんは自身のことを少しずつ、つづり始めています。

崔命蘭さんのプロフィールは
一〇頁参照

無題

― 李榮子

今回韓国に行ったら息子達が二人分の納骨堂を作っておいてくれたの見て夫婦で喜びました。韓国式の墓です。

旦那は帰りの飛行機で故郷が山形できょうだいも眠っている。私は日本人だし、と言い出した。旦那さんが日本人だから旦那さんと相談しました。

骨を山形と韓国と半分ずつにしてお墓に一緒に入りましょう。

息子は私の籍には入っていないが大学まで入れて苦労して育てた。

今は日本人の旦那の事も尊敬して大事にしてくれるやさしい子になりました。

이영자

事情があって戦後日本に入国し、家族のために必死で働いてきたにもかかわらず、日本人と結婚したという理由で、亡くなっても韓国のお墓には入れられないと家族親せきから言われているハルモニが何人かいます。榮子さんもそのひとりでした。「今は日本人の旦那の事も尊敬して大事にしてくれるやさしい子になりました」――榮子さんのこの言葉に彼女の思いが凝縮されていると感じます。

李榮子さんのプロフィールは一一頁参照

ほこうきでどこでもいきます。

―呉琴祚

なんでか、わすれてしまいました。けれどしせつにはいってじゆうがなかったです。たべものがきびしかった。いまはじゆうですきなものをかってたべてます。

むかしからじぶん一人ですきなようにくらしてきたので人にしてもらうのはすきじゃない。

いまは、手のつめも足のつめもじぶんできります。

いまはじゆうだからいいとおもいます。

一日に二回ほこうきおしてスーパーへかいものにいきます。そしてすきなものをかってたべます。

ほこうきでバスにのるとちかくの人がもちあげてくれるのでおりた

たみがかんたんなのにとりかえようかなとおもっています。

この作文を書いたとき、琴祚さんは九〇歳。忘却の世界に意識が飛んでいくこともあるのですが、日々のくらしを前向きにとらえ、悲観するでもなく高ぶるでもなく、淡々と過ごしています。今は違う施設に入り、そこから識字学級に通ってきて、優しい笑顔で皆を和ませてくれています。

無題

― 呉琴祚

お母さんは男の子をだいじにしてうみたてのたまごをなまでたべさせました。そういうものだと思ってなれていました。でもかぜをひいたとき、お母さんがたまごをといてだしと水としょうゆを入れてむしきでふかしてくれました。おいしかったしうれしかったです。

　この文は「死ぬ前に食べたいもの」という題で話し合って書いたものです。韓国では男の子が大事にされ、琴祚さんの家でもそうでした。琴祚さんは、今は亡きお母さんから生みたての卵を食べさせてもらいたかったのです。でも、風邪をひいたときにつくってもらった料理を思い出したことで、お母さんは心の中では分け隔てなく子どものことを思ってくれていたのだと、九〇歳にして気づきました。そのことで、今更ながら母への思いを強くしたのでしょう。

先のことを考えるより
体をうごかしています。

— 高島マリイ

明日のことはどうなるかわからない。

一人で考えている。よるはとくに考えているとねむれなくなりますから考えないほうがいいと思います。

でも耳なりだけはなおしたい。耳なりをなおさないとブラジルには帰れないです。

年をとってくると体が自由にならないですぐつかれます。だんだんもの忘れひどくなってくるし体もよわってきます。

うちの中ではふらふらしてあるいています。

けど足やらこしがいたまないようによぼうしています。

プールに毎朝雨や寒くてもいっています。だから今は足もこしもい

kashima Marie

たくないです。
せんたくものはキカイがないので手であらっています。

気丈なマリイさんですが、家族と離れひとり日本で暮らしている身にとっては、忍び寄る老いはどんなにか心細いことだったでしょう。プールに通い、積極的に体力維持に努めていたマリイさんですが、その後、膝を悪くして、さらに耳は手術の甲斐もなくよくならず帰国しました。

無題

—金芳子

私がとしとって一ばんこまるのはボケること、ボケたら自分でちゅういのしようもないから、こまる。ボケさえこなければできるはんい、自分でなんでもやるつもり。いま、きをつけているのは、とことんやりすぎてつかれてねこむとめいわくをかけるのでつかれるとよこになってからだをやすめるようにしている。じつはとことんやるしごともないからすぐくたびれたらねている。ガスは、しんぱいない。じどうてきにきえるのにしたから。出かけるときはとじまりにきをつける、でもまえにとじまりしたままカギをつっこんで わかったので、となりのシンさんに気をつけなさいとしかられました。シンがひっこして、たよりにする人がいなくてこまる。きんじょに

김방자

たよりになる人がほしい。
おかずは一人だからいっぱいのこる。のこったられいとうにする。
でもれいとうにしていいものと、わるいものがある、たとえばこん
にゃくやふきはあじをつけてないとだめです。

歳をとったら困ることを考えていると、思いがあちこち飛んで収拾がつかなくなることがよくあります。将来の不安な事柄にどう対処するか、誰もが正解を持ち得ないのです。

芳子さんの性格としては、無意識のうちに他人に迷惑をかけるということは許されないようです。ボケたらボケたなりの生き方があるとは彼女には思えないのです。

けんこうほけんがなかったとき　—金芳子

小の田たんこうで、はたらいていたおとうさんが　けがをしてはたらかなくなりました。たんこうを　おいだされました。そのときは、かろうさいほけんも　たいしょく金もなにももらえなかったから、かぞくはたべるものもなくたいへんでした。

つぎに　はぎもりたんこうではたらきました。またけがをしてまったくはたらけなくなりました。そのときはすこしお金をもらいました。

私が小さいとき、みみがいたくなりました。びょういんにいくお金がなかったから、かんこくにれんらくして　かんぽうやくをおくってもらって なおしました。

***小の田たんこう**（小野田炭鉱）…山口県山陽小野田市にあった炭鉱。

***はぎもりたんこう**（萩森炭鉱）…三四頁参照。

김방자

在日コリアンたちは長年、国民健康保険証を持っていませんでした。当時の話を聞くと、皆病気にならないよう細心の注意を払って暮らしていたといいます。それでも、医者にかからなければならなくなったときには、大変な思いをしてお金の工面をし、ほかの家族は食べるに困る状態に陥ることもあったそうです。

はじめて声をあげた日

二〇一五年九月、ハルモニたちは桜本で戦争反対デモを企画し、
はじめて路上で堂々と声をあげました。
この日の体験は彼女たちに自信と勇気を与えましたが、
その後、ヘイトスピーチが桜本を標的にする発端ともなりました。
ハルモニたちは差別に怒り傷つきながらも、こう呼びかけます。
「もうそんなことやめにして、なかよくしましょうよ」

KOREAN食品専門店
麻布食品桜本店
大型車
終日
7-9
15-18

せんそう
イヤだは

せんそうはんたい

―呉琴祚

むかしのちょうせんではにほんのけいさつというとみんなふるえあがっていました。

じぶんたちはむぎ、あわをたべ、おこめはみんな공출《コンチュル》といってにほんのへいたいさんにもっていかれました。しんちゅうのはしやスプーンももっていかれました。

おこめをすこしうちのにわにうめてかくしたことがみつかり아버지《アボジ》がつれていかれてあしに松の木をはさんですわらせられたときました。

＊コンチュル…「供出」の意。総動員体制下の朝鮮では、米をはじめとして様々な物資の供出が強要された。朝鮮で普段の食事に使う真鍮の食器やスプーンも兵器をつくる金属用として供出の対象になった。

＊アボジ…お父さん。

戦争反対デモの前にあらためて戦争をテーマに語り合ったとき、琴祚さんの口から日本の警察による生々しい拷問の様子を聞かされました。一瞬言葉を失うほどの衝撃でした。

琴祚さんは、これまで外に向かってみずからを表現する活動にはあまり参加しなかった人ですが、デモ参加後の感想は「デモがわからないので、どうしようかと思ったけれど、参加してよかった。車いすを押してくれた人が、私のつくった戦争反対のうちわを上手にできているとほめてくれて嬉しかった」でした。ハルモニは様々な人の力を借りながら少しずつ心を開いていっています。

戦争反対のデモに参加して

―趙良葉

在日コリアン高齢者交流クラブ、トラヂの会として戦争反対のデモ運動を起こした高齢者は、私たちが最初ではないかと思う。戦争がどんなに悲惨で不幸をまねくか体験したからこそ、実施する勇気が湧いたのだ。

大勢の方が参加し、車いすを押してくださる方々、全員の思いが、ひとつになって、戦争反対を訴えた。

テレビで国会中継を見ているうちに、戦争する国になってしまう。又戦争が始まると世界は、ひとたまりもないと不安に思っていたやさき、トラヂの会で、話題になり、『デモやるか！！』と、話しになり、早速手作りの準備が始まった。

＊「テレビで国会中継を…」…二〇一五年五月に政府が安全保障関連法案を衆議院に提出し、同法案が九月に強行採決されるまで、国会での審議が続いていた。この法案は集団的自衛権行使容認をはじめとして自衛隊の活動範囲を大幅に拡大するもので、日本が戦争をできる国になってしまうという危惧から、二〇一五年の夏は連日全国各地で反対活動が行われた。

＊チヂム…チヂミのこと。八二頁参照。

九月五日当日、先頭でマイクを持って８００メートルを、みんなによびかけ、コールする役をした。

最初は目の前がまっ白くなって失敗もしたけど若者を戦場に送ってはならない　子や孫を、守りたいとの気持ちでがんばった。足腰の痛みも忘れ、一心不乱に車道を行進し、沿道の人に呼びかけた。

行進が終わって、桜本商店街の入口で警察官の一人が「そこに段差があるので気を付けて下さい」と声をかけてくれた。ありがたく思った。

会館に戻って、にらのチヂムと、キンキンに冷えたビールの美味しかった事！　用意して下さった方々に、感謝感謝です。

趙良葉さんのプロフィールは
一一頁参照

すこしもはずかしくなかった。— 大城正子

私は戦争はんたいのデモに始めてさんかしてすこしもはずかしくなかった。
その日とてもうれしかった。あるいてみなさんと大きなこえで戦争はんたい、子供をまもれ、わかものをまもれ、未来まもれといいました。本当に戦争はいやだからはずかしくなかった。

Oshiro Masako

無題（聞き書き）

―金福必

この年になってはじめてデモに参加した。今まではそれどころじゃなかった。三歳で父親がなくなってから、指を折って歳を数える時もなかったから世の中のことなんか何もわからなかった。だからすごく楽しかったよ。

デモに参加したハルモニたちの多くが、「楽しかった」と口にします。初めてのデモだったが、恥ずかしさもためらいも持たなかったと話します。人生の終盤に、志を同じくする仲間と外に出て、腹の底から声を出し、思いの丈を道行く人に訴えかけることができた。そのことが、彼女たちを解放し、「楽しい」気持ちにさせたに違いありません。

金福必さんのプロフィールは一〇頁参照

ヘイトスピーチやだね!!

――黄徳子

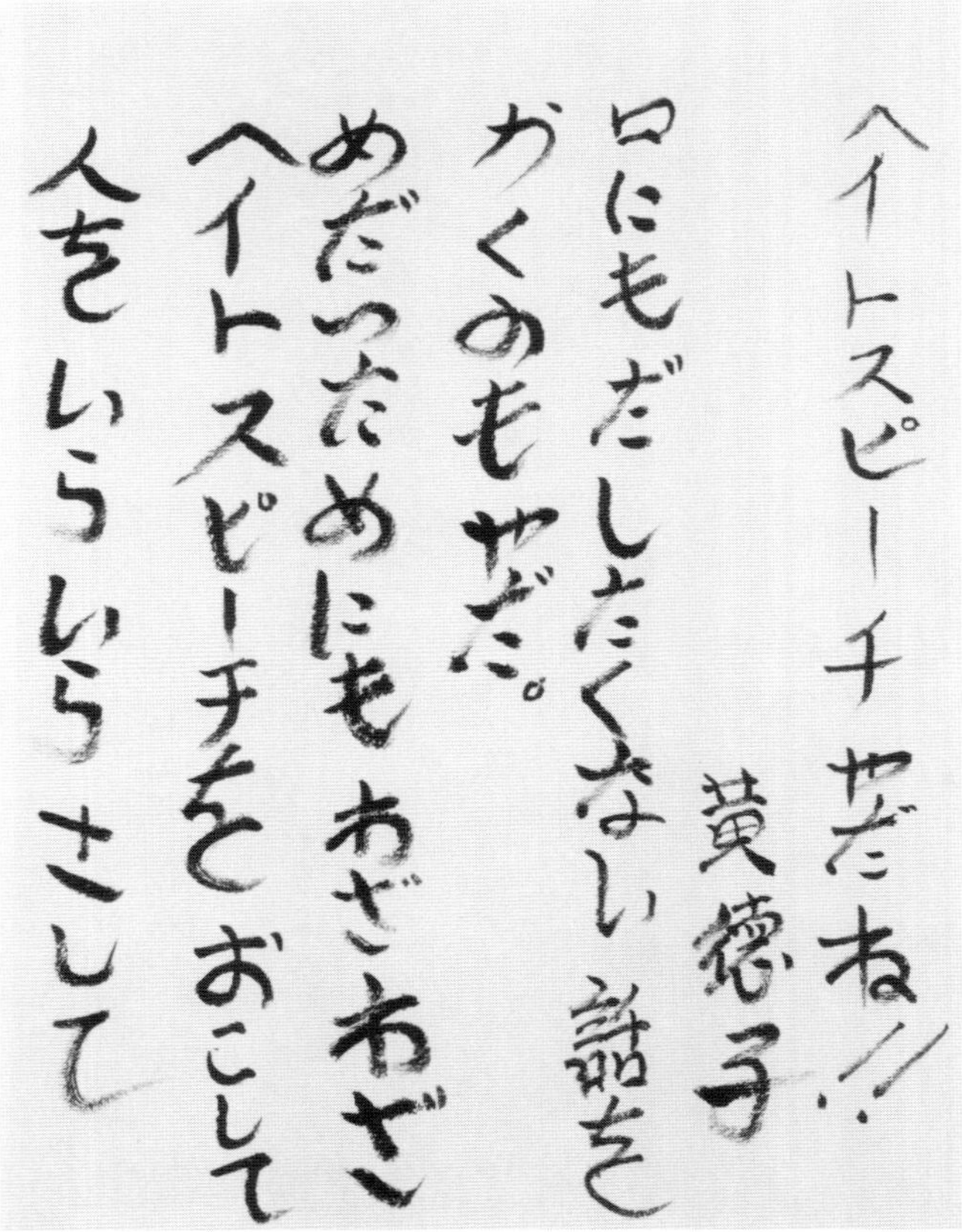

口にもだしたくない 言葉を
かくのもやだ。
めだつためにもわざわざ
ヘイトスピーチをおこして
人をいらいらさして

황덕자

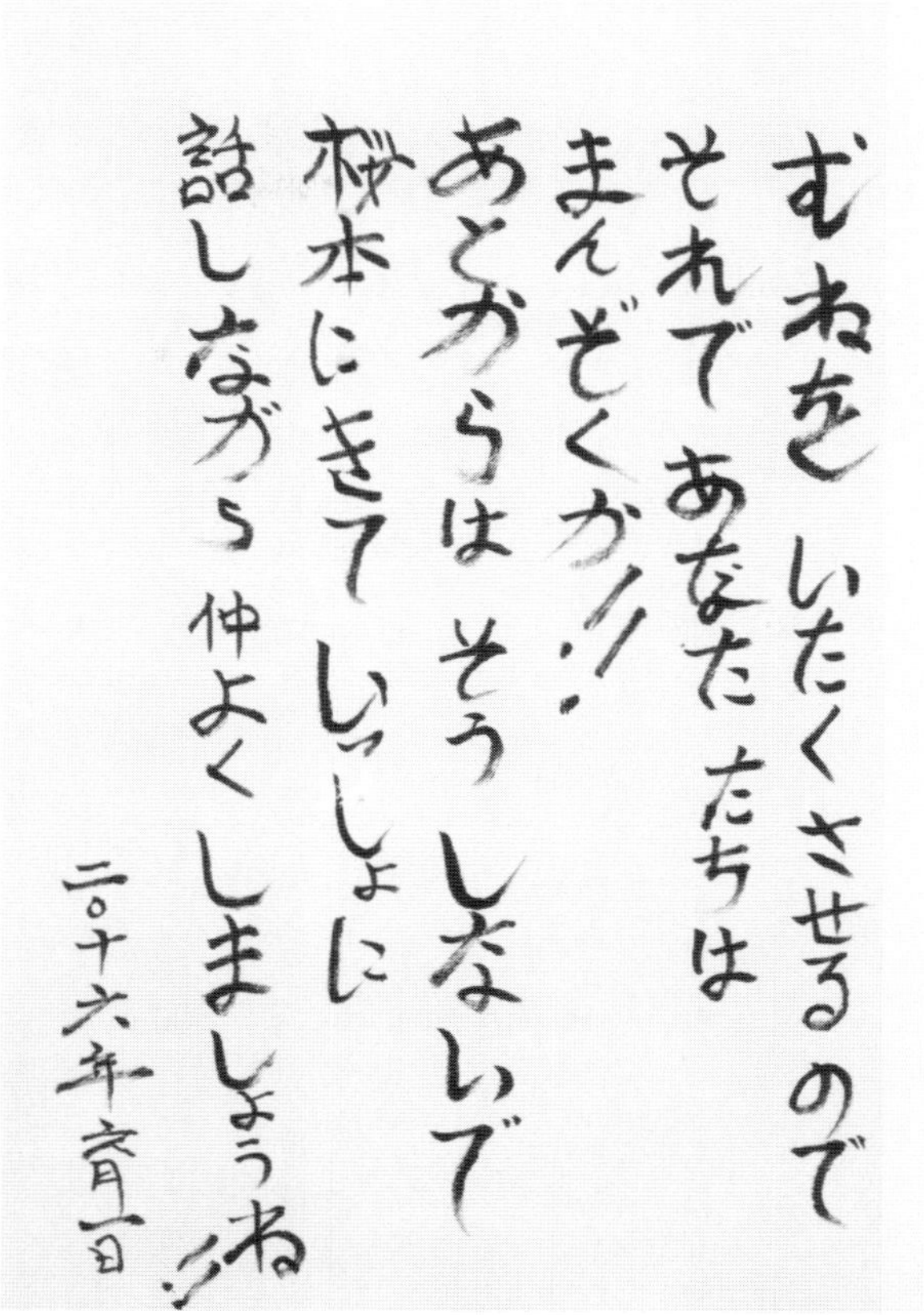

むねを いたくさせるので
それで あなた たちは
まんぞくか!!
あとからは そう しないで
桜本にきて いっしょに
話しながら 仲よく しましょうね!!
二〇十六年六月一日

ハルモニたちが桜本でデモをしたことで、二〇一五年の終わりごろから、「朝鮮人は出ていけ！」と憎悪をあおる排外主義デモが、桜本を目指すと公言してやってくるようになりました。ハルモニたちは、「まじめに生きてきたのに、なんで今さら、国に帰れなんて言われなきゃあならないの！」と怒りの声をあげる一方で、「話し合えばわかるでしょう」と呼びかけるのです。

なかよくしよう、

——金芳子

はじめて国会にいきました。

はじめてのところなので何もかもびっくりしました。

ヘイトをやめさせるほうりつはあっというまにおわりました。

でもほうりつができてうれしいです。

このままおとなしくしてくれればいいけどまたさわいできたないことばでののしられるかとおもうといやです。

いまさらかえれっていわれてもかえるところはありません。もう日本にきて81ねんにもなるんですよ。かんこくには私のうちはないここにしかいるところはない。子どもやまごに、そんないやなことばをきかせたくない。

＊ヘイトをやめさせるほうりつ…二〇一六年五月に成立、同年六月に施行されたヘイトスピーチ解消法のこと。日本に居住している外国出身者やその子孫への差別意識を助長・誘発し、地域社会からの排除を扇動するような言動の解消に国や地方公共団体が取り組むことを定めた。

김방자

もう、そろそろそんなことやめにして、なかよくしましょうよ。
とにかく一どトラヂ会にあそびにきてください。
一しょにしょくじをしてうたったり、おどったりしましょう。

二〇一六年五月二四日、ヘイトスピーチ解消法制定のために尽力しているふれあい館職員の崔《ちぇ》江《かん》以《い》子《じゃ》さんを応援する意味をこめて国会見学に行きました。この日、同法は芳子さんの傍聴している前で成立しました。多くのハルモニがそうであるように、芳子さんもまた、子や孫に自分の受けてきた屈辱的な思いをさせたくないという強い意志を持っているからこそ、国会にも行ってみようと、初体験をいとわなかったのです。

解説

移動と無権利が落とす暗い影

医療の発達によって平均寿命がますます長くなり、人生百年ともいわれる現代において、老いはあらゆる人が向き合わざるを得ない現象です。ハルモニたちの高齢化が進むにつれ、老いは識字学級でも最重要のテーマになってきました。とあるハルモニは、物忘れがひどくなり認知症の可能性を心配するようになり、またあるハルモニは車いすで生活するようになりました。

こうした現状を受けて、識字学級ではよく老いや死について話し合うようになりました。今抱えている困難や不安を打ち明け、自分の状態を把握し、全員で共通認識を持つことによって、さらなる学びと生活の創造につなげていくためにです。

例えば、最期の瞬間について考えるのは難しいことであっても、その前段として、どのような葬式にしてほしいか、墓はどうするかなどでも決めておけば、それだけ気持ちと身が軽くなるため、逃げずに考えておこうということになりました。ハルモニたちの中には、墓や死装束をすでに用意しているという人もいます。こうした取り組みの中で書かれたのが、**崔命蘭さん**の「子供たちへ」（→120頁）と、**李榮子さん**の「無題」（→122頁）です。

みずからも高齢である命蘭さんが、夫を介護することはどれほど大変だったでしょう。ですが彼女は一貫して家で夫を介護し、そのことを当然だと考えていました。彼女は、「年下の者が年上に仕えることや、一家の主を妻が介護することは当然だ」という、朝鮮半島に根強くある儒教的な信念を強く持っています。自分の信念を貫きとおした誇りがあるからこそ、「兄妹仲良くしなさい」という、ある意味でとても潔い「最期の言葉」を残そうと思えるのでしょう。

一方、朝鮮の伝統的価値観に悩まされてきたのは李榮子さんです。ニューカマーとして渡日し、日本人と結婚したということから、韓国のお墓に入れられないと家族や親せきから言われているハルモニたちは、「私たちは国を捨てたわけではない、みんな色々訳があって日本人と結婚したのに、どうして韓国の人は私たちを切り捨てるのか、死んだあと私の心はどこへいけばいいのか」と嘆きます。朝鮮・韓国では伝統的に祖先崇拝が盛んで、墓参りや祭祀を頻繁に行います。お墓に入れないと、子孫に詣でてもらえず死後の魂を慰めてもらえません。ですが、息子たちが榮子さん夫婦のために納骨堂をつくってくれ、夫とは「日本と韓国のお墓に半分ずつ入ろう」と、互いに納得のいく結論を出すことができました。作文につづられている喜びは、それまでの葛藤があったためなお大きいのです。

榮子さんはニューカマーですが、植民地支配の影響をより直接的に受けているオールドカマーのハルモニたちは、在日コリアン特有の問題を抱えています。それが、移動を繰り返して離ればなれになった家族との関係修復の問題や、健康保険や無年金の問題です。

例えば、朝鮮と日本を行き来する過程で、子どもを朝鮮に残してきたハルモニがいます。子どもは遅れて日本に来ましたが、「置いていかれた」という意識があるためか親子間の確執があり、それがハルモニの大きな悩みの種になっています。

金芳子さんの「けんこうほけんがなかったとき」からは、在日コリアンが危険な労働に従事しているにもかかわらず、福祉から完全に排除されていたことがわかります（→132頁）。

在日コリアンの国民健康保険加入が一律に認められたのは一九八六年からです。それまでは、各自治体が特例として外国人の加入を認めることはありましたが、ごく少数でした。そうでなくても貧困にあえぐ中で、医療費の全額自己負担というハードルは、在日コリアンを医療から遠ざけました。手がつけられないほど悪化してようやく病院に行ったり、一度行ったきり続かなかったりしたため、身体的な障害が残った例も少なくありません。これは在日コリアンの無年金問題とも関連しています。国民健康保険が適用されてからも、在日コリアンは障害福祉年金から除外されていたからです。一律適用からまだ三〇年ほどしか経っていません。ハルモニたちにとって無保険だった時代は、そう遠くないのです[1]。

健康保険証を手にしたハルモニたちは、気軽に病院に通って身体的・精神的苦痛を和らげることができるようになりましたが、同時に一部のハルモニの中で医療に対する考え方も急変化しました。つまり、病院で薬をもらえば健康でいられると簡単に考えるようになってしまったのです。ハルモニたちは、朝鮮の伝統的な民間療法や健康法を上手に使い、無保険時代を切り抜けてきました。ですが、体が発する声を聞き、自分に最も合った方法で健康を維持しようという考えは瞬く間に失われ、医療に頼りきりになってしまいました。

このようにハルモニたちの老後には、移動を余儀なくされたことと無権利状態に置かれていたことが、暗い影を落としています。老いゆく心身とどのように向き合うかという問題はすべての人に共通するものですが、ハルモニたちの場合、普遍的な問題に加えて様々な問題が顕在化しています。

老いをみつめて生きる

心身の衰えに直面したハルモニたちに必要なことは、自分の今の状況を把握することでした。そこで識字学級では、簡単な「老いの記録帳」をつくって、自分の健康状態や生活状況をチェックしました。その作業によって彼女たちは、「誰にも頼れない、自分が注意しなければいけない」と自分なりのルールや目標をつくって、細心の注意を払いながら暮らしていることがわかりました。

その流れで書かれたのが金芳子さんの「無題」です。（↓130頁）芳子さんは、彼女の人生と深く関係してのことでしょう、識字学級のハルモニたちの中でも人一倍、人に迷惑をかけることを嫌います。それでもやはり、「自分でちゅういのしようもない」ことに関しては、不安がつきまとっていることがわかります。だからこそ、面倒見のいい同胞が近くにいると心の緊張が少し緩まったのでしょう。人の助けを借りながらも、つくりすぎたおかずを冷凍するときのコツもさらりと書いている点からは、まだまだひとりで生活を営めるという自信も感じます。

ひとりぐらしをする中で、より厳しい自律を求められたのは高島マリイさんです。彼女は、会社員なら退職するような年齢（六四歳）になってはじめて日本の地を踏みました。それから二四年間、働いて貯金してはブラジルに送っていました。

マリイさんは、外食をしたりできあいのものを買ったりは一切せず、自炊していました。外で昼食をするときはお弁当を持参するし、栄養が偏らないように果物も安いものを見つけて食べていました。足腰のためにスイミングや公園での散歩も習慣にしていました。働くために日本でひとりぐらしをする彼女にとって、体調を崩す影響ははかりしれません。助けてくれる人がみつかるかどうかもわからないからです。マリイさんが「明日のことはどうなるかわからない。よるはとくに考えているとねむれなくなりますから考えないほうがいいと思います。」とつづっているように(↓128頁)、この先どうなるのか、どのような最期を迎えるのかといった問いに、明確な答えを出せる人などいません。それより体を動かしましょうというのが、ハルモニたちの現時点での答えです。特にマリイさんにとっては、これ以外の到達点は考えられなかったのでしょう。

そうしたハルモニたちの状況のなかでたったひとり、「これからのことは何の心配もしていません」と言い切るのが**呉琴祚さん**です。彼女は施設に入っていますが経済的な不安はなく、家族もよく会いに来てくれる恵まれた日々を送っています。彼女は、孫やひ孫が会いに来て、楽しい時を過ごしたあとに、涙が出るほどの寂寥感が襲ってくると語ることはあっても、眠れないほどに行く末を案じるということはないようです。ですから琴祚さんは、「ほこうき」を押してどこにでも行きますし(↓124頁)、死ぬ前に食べたいものを聞かれても、母のささやかな料理を思い出すくらい、気負うことも欲張ることもなくいられるのでしょう(↓126頁)。

ハルモニたちはそれぞれの現実的な問題や心身の苦痛を抱えながらも、日々をよりよく過ごすための模索を続けています。老いの過ごし方やとらえ方もまた、彼女たちのこれまでの人生に大きく左右されています。日本の福祉政策の中で老後を過ごしている人、日本でも朝鮮の伝統を守っている人、渡日して日が浅く、心はまだ韓国と日本の間を往来している人、割り切って健康に最も心を砕く人、老後の過ごし方はこれほど違います。

彼女たちのそれぞれの背景に合わせながら、識字学級では学習やイベントを企画してきました。多くのハルモニたちは人様に迷惑をかけないように暮らすべきだと考えていましたが、それは老いについての学習を重ねるにつれて、徐々に変わっていきました。こうした変化は、ハルモニたちを勇気ある行動へと導きました。その行動とは戦争反対デモです。

桜本でともに

二〇一五年の夏、安全保障関連法案をめぐって連日国会前で激しいデモが繰り広げられていたころ、ハルモニたちはこのことについて話し合いました。テレビでデモの様子を見ていたハルモニたちは、自分たちにも何かできることはないかと考え、「国会前まで行くのが難しいなら、地元桜本で私たちなりのデモをやろう！」と決めました。デモのグッズは何にするかの検討から始まり、必要なものはすべて自分たちでつくりました。家からうちわを持ちよって紙を貼って絵やメッセージを書いて、プラカード代わりとしました。横断幕にはカラフルに「せんそうはんたい」と力強く書きました。先頭に立ってコールをリードする人が読む文章も、皆で考案しました。

デモの当日、ハルモニたちは輝いていました。色とりどりのチマチョゴリをまとい、デモの主役として戦争反対の声をあげました。近隣住民や、ＳＮＳなどでデモを知って駆けつけた人々も加わり、約二百人が列をつくりました。車椅子の人には若者が付き添い、コールの声に合わせてサムルノリ（韓国の民俗音楽）が入り、ハルモニならではのエネルギーに満ちたデモになりました。

ハルモニたちがデモを行ったのは、戦時下や戦後の混乱の中で舐めた辛酸を思うと、日本を再び戦争する国にしてはならないという強い意志があったからでした。ですが、そうした意志を示せたというだけでなく、デモを応援するためにたくさんの人が集まってくれたこと、桜本の人々が温かく見守ってくれたことが、何よりもハルモニたちの喜びでした。字の読み書きができないことや学校に行けなかったことなどで、社会との断絶を強く感じ、身を縮めるように暮らしてきた彼女たちにとって、いま自分たちは受け入れられている、社会に対して声をあげられるという実感を持てたことはデモの大きな収穫でした(2)。

ハルモニたちが自分の居場所を再確認しつつ、みずからの秘めたパワーを示したのが、戦争反対デモだったといってよいでしょう。その後も彼女たちは、ヘイトスピーチへの反対行動を、気力や体力の許す限り起こしていきます。

桜本は、多文化共生の実現に長年取り組んできた街です。この街には、多くの人が議論を重ね、歩み寄り、支え合ってきた軌跡が刻まれています。ハルモニたちにとっても桜本は、大切な居場所であると同時に、自分をのびのびと表現できる場所でもあります。その桜本を踏みにじる行為が、ヘイトスピーチを行う排外主義デモにほかなりません。

排外主義デモは、ハルモニたちより若い世代にとっても、看過できない問題でした。自分たちの街が踏み荒らされることへの怒りももちろんありましたが、ハルモニたちにヘイトスピーチを聞かせてはならないという思いがあったのです。琴祚さんは、戦争をテーマに話し合った際、植民地支配下の朝鮮での日本の警察による厳しい徴発や拷問を思い出しています（→136頁）。「戦争」や「朝鮮人は帰れ」という言葉は、彼女たちを幾度も苦しめてきました。一生背負わねばならない痛みをその身に深く刻んだハルモニたちが根をおろす街だからこそ、排外主義デモを進入させてはならないと、人々は反対行動に出ました(3)。

「はじめて声をあげた日」に収められた作文はどれも、日本社会を今まさに席巻している排外的で攻撃的な政策や主張に対して、はっきりとNOを突きつけています。断固拒否の構えとともにみられるのが、ヘイトスピーチを行う人々へ「なかよくしましょうよ」と呼びかける姿勢です。

こうした姿勢からは、ハルモニたちのどのような気持ちが読み取れるでしょうか。ヘイトスピーチの標的とされるのは多くの場合、外国にルーツを持つ人々です。二〇一五年、龍谷大学人権問題研究委員会は、朝鮮学校や民族学校に通う高校生、そして大阪府内の公立学校に通う外国にルーツを持つ生徒たちに、ヘイトスピーチや街宣についての感情を、アンケートで調査しました。その結果、「いつかわかりあえる」とする回答と「絶対にわかりあえない」という回答が拮抗していました。研究委員会のメンバーでありジャーナリストの中村一成《なかむらいるそん》さんは、「わかりあえる」という回答の多さに、「ヘイトスピーチによって失った社会への信頼感覚を回復したい、生きるための前提を確立したいという切実な思い、追い詰められた痛みをみるべきだ」と述べています(4)。

こうした切実な思いは、ハルモニたちの作文からも読み取れます。対話を求める気持ち、歩み寄ろうとする気持ちは、個人の優しさやおおらかさといった性質にのみ還元されていいものではありません。黄徳子さんが「口にもだしたくない話をかくのもやだ」と拒絶の言葉で書き出しながらも、末尾では「いっしょに話しながら仲よくしましょうね」と呼びかけないではいられない、その引き裂かれた気持ちのありように目を向けてみる必要があるでしょう。（↓142頁）ハルモニたちが対話を呼びかける温かさの底には、「こうでもしないと私たちは生きられないじゃないか」という切実な叫びがあるのではないでしょうか。

（1）在日コリアンと国民健康保険問題については、吉岡増雄『在日朝鮮人と社会保障』（社会評論社、一九七八年）と、「第2特集　国保のない時代」『季刊Ｓａｉ』四一号（『季刊Ｓａｉ』編集委員会、二〇〇一年、二三―三三頁）を参照。

（2）この日の様子は、石橋学「〝戦争はぜったいだめ‼〟川崎・桜本のハルモニたちが歩いた三〇〇メートル」、『世界』八七五号、岩波書店、二〇一五年、八二―八八頁に詳しく報告されている。

（3）神奈川新聞「時代の正体」取材班編『ヘイトデモをとめた街――川崎・桜本の人びと――』現代思潮新社、二〇一六年

（4）前掲『ヘイトデモをとめた街』九九―一〇〇頁

第四部

教室の外へ

・「おもい」を開く

呉琴祚――――作品展がおわって
呉琴祚――――初めて電車にのったこと
呉琴祚――――かるたをつくるとき
石日分――――カルタが完成して
黄徳子――――カルタとおんま
黄徳子――――みな様にありがとう

・ひびきあう道のり

金芳子――――かたりべをする私のきもち
金芳子――――がんばるしかない
金芳子――――「にあんちゃん」を見て
徐類順――――わたしもじだいのいちぶです

「おもい」を開く

ハルモニたちの胸の奥には、
時と所を得ればすぐに噴き出してくる、
抑えがたい記憶がたくさん詰まっています。

作文の展示、かるたづくりといった表現活動にきっかけを得て、
彼女たちはひとつひとつ、
胸に秘めてきた「おもい」を外へ開いていきます。

呉《お》琴《くむ》祚《じょ》

오금조

一九二六年、慶尚《きょんさん》北《ぷっ》道《と》安東《あんどん》郡に生まれる。京都で飯場を経営していた兄に呼ばれ、兄夫婦の子の子守役として九歳で渡日。一七歳のときに結婚のため一時帰国するが、再び日本へ。朝鮮でも日本でも植民地支配による苦労を経験した。品川に二〇年以上暮らしたあと川崎へ移り住む。現在は子どもに大事にされ、孫・ひ孫も多くゆったりと日々を送っている。

黄《ふぁん》徳《とっ》子《ちゃ》

황덕자

一九四二年、江原《かんうぉん》道《ど》東草《そっちょ》に生まれる。朝鮮戦争で二人の妹を亡くし、父・長兄とも生き別れる。二四歳で結婚してソウルに暮らし、二九歳のときに民謡歌手として渡日。三二歳から横浜に住み、その後川崎へ移る。母を日本に呼び、日本で父・長兄を探したが再会は叶っていない。識字学級では、明るく積極的な性格で先輩たちを励ます役を担っている。

作品展がおわって

— 呉琴祚

作品展がおわって

呉 琴祚

作品展を見にきてくれた私の子供や孫やひ孫、みんなで十七人がきてくれました。孫嫁は花束を持ってきてくれました。こんなにおおぜいきてくれたのは長男がみんなに知らせたからです。私が絵や作文を書くのをだれもしらなかったので作品展をみてみんなおどろいたみたいでした。

오금조

作文をよんでっ自分たちのしらない
ことがいっぱいオモニのむねの中に眠って
いたんだね」と娘がいいました。
いままで私のしまってあったことを、作文を
よんで子供たちがしったのはうりハッキョの
おかげです。
鈴木先生原先生みなさん
ありがとうございました。
二〇一二年　一二月四日

二〇一二年一一月、川崎市教育文化会館で識字学級主催の「絵と習字の作品展」を行い、二二〇点余の作品を展示して多くの人に見ていただきました。

来場者からは「感激した」「素晴らしい」との感想をたくさんいただきましたが、一方で、琴祚さんの作文にあるように、家族がハルモニの人生に改めて心を寄せ直してくれたことこそが、ハルモニたちが作品展からもらった何よりのプレゼントであったと言えるでしょう。ハルモニたちは、一番聞いてほしい家族に、「苦労話」を語ってこられなかったのです。これからは身近な人にも語っていこうという勇気をもらいました。

初めて電車にのったこと

呉琴祚

昭和三十年ごろ電車にのりついで初めて品川からぎふ県の高山の姉のところへいきました。五才の男の子と三才の女の子をつれて行きました。主人にいきかたをかいてもらいました。それをみながらえきの人にきいてたづねていきました。

そのころの電車はトンネルが近づくと車しょうさんが「まどをしめろ」とほうそうしました。そうしないとけむりが電車の中にじゅうまんするからです。えきについたら子どもの水色のワンピースがくろくなっていました。

なんねんぶりかに姉にあって、うれしくて涙があふれました。二人でだきあって姉が「とおいところよくさがしてきてくれたわね。」

오금조

と泣きながらいってくれました。

琴祚さんがこの話をはじめて皆の前でしたのは、二〇一一年一一月、識字学級が編んだ作文集を読んだ首都大学東京の学生さんがハルモニたちに会いに来てくれ、ともに学習したときでした。この話を皆に話せるようになるまでに五〇余年もの時間が必要であったことに、琴祚さんの悲しみの深さを知ることができます。

というのも、このお姉さんはそれからまもなく高山の家を処分して、お金はすべて寄付し、「カバンひとつで大丈夫」を信じて家族全員で北朝鮮に「帰国」し、お姉さんはのちに若くして病にかかり、回復叶わず亡くなってしまったのです。

かるたをつくるとき

―呉琴祚

むかしのことがとってもなつかしくてむねがつまります
おやもきょうだいもいないからとしをとるとさみしくなるもんですね
むかしのことがなつかしくてさみしいです
それはどうすることもできないです
むねにあることをかるたにかいてすっきりしました。

오금조

　二〇一六年から一七年にかけて、ハルモニの手による「思い出のくらしカルタ」をつくりました。時間をかけて、ハルモニと共同学習者が協力して完成させました。出来あがった絵札、読み札はハルモニたちの人生の一場面でありながら、その全体は在日コリアン高齢者の喜び・悲しみ・口惜しさ・たくましさなどを包みこんだ大きな物語になっていると気づかされます。

　琴祚さんは九〇歳を越え、しっかりした筆圧で長文を書く体力はなくなりましたが、共同学習者に自分の気持ちをひょうひょうと語りながら、その流れに乗ってこの文を書きあげました。上の三つは、琴祚さんが読み札を書いたものです。

カルタが完成して

―石日分

暮れに自分達で作ったカルタ遊びをしてとても嬉しかった。朝鮮人に生れさげすまれ苦労に苦労を重ね生きてきた暮しと経験から生れたこのカルタの裏に書いてある解説を良く読んで理解してくれる人が一人でも増えてくれる事を祈ります。

석일분

日分さんは、怪我をして入院したのをきっかけに仕事を辞め、識字学級に通ってくるようになりました。その時、八六歳でした。それまでは同胞と親しくすることもない、仕事仕事の毎日でした。

識字学級では、何を話しても共感を得られることに勇気と喜びを感じ、自分たち在日コリアンのたどってきた人生をしっかり振り返り、多くの人に伝えていきたいと思うようになりました。

石日分さんのプロフィールは一〇頁参照

カルタとおんま

―黄徳子

カルタ中にオンマの思い出がたくさんあります。

私はオンマにたいしてつよい思いがあります。

私は「なんにもできなくてもおよめにいけるかな。キムチもできないのに」とゆったら「オンマをよんだらはかから出てつくってあげる」とゆってくれました。

＊**オンマ**…お母さん。

황덕자

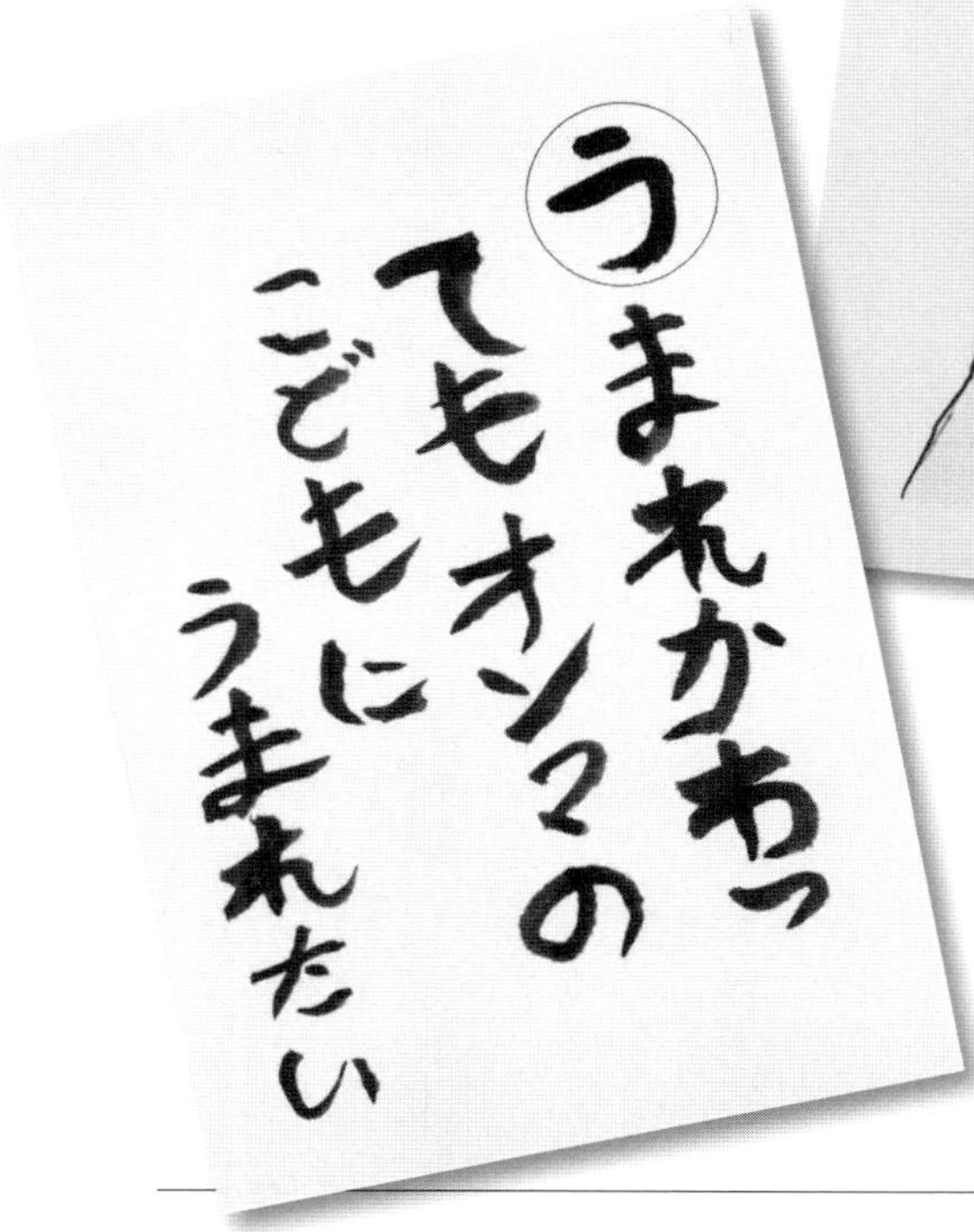

三八度線近くの江原道東草――徳子さんの生まれ育った街は、朝鮮戦争のとき、南北の軍隊が行き交う戦場となりました。その街で八人の子どもを手元でしっかり守ると決め、避難など一切せず、強くしなやかに生きとおしたオンマのことを徳子さんは心から尊敬し、「大好き！」なのです。

いつも口にしていた「うまれかわってもオンマのこどもに うまれたい」という言葉を、「う」の読み札に決め、心の中のオンマを絵札に描きました。

みな様にありがとう

―黄徳子

アンケートをよんで心からありがとうとゆう気もちになりました。60代の男性が60代70代の方々の絵や習字を拝見し。深い悲しみや苦しみが伝わってきました。と書いてくれています。私はこの文章をよんで自分の母おやを思いだしました。

昔の人は小さな苦労など苦労ともおもわないようにいきたと思います。私の母もいろんな苦労をこえていきてきたと思います。

昔、朝鮮戦争のときも8人きょうだいをつれてにげるにもにげられずに子どもと一しょに家で아버지《アボジ》をまっているあいだに妹二人が同じころ亡くなりました。

死んだ妹たちをだいてないている母をみて私たちもなきました。

＊アボジ…お父さん。

＊オモニ…お母さん。

＊ウリ学校（ウリハッキョ）…識字学級のこと。

황덕자

아버지와《アボジは》朝かえって死んだ妹二人をしょいこに入れてどこかへいきました。どこかばしょわおしえてくれませんでしたが二人をうめてきました。

戦争はおわってはいません。どんどん北から南、南から北へ戦争は3年ぐらいかかりました。

そのときの어머니《オモニ》のかなしみをわからなかった私がいまになっていろいろ思います。

日本にきてふれあいかん、ウリ学校で勉強して어머니《オモニ》のかなしみなどわかってこうゆうふうにかくことができてさびしやらうれしやらです。


作品展のアンケートをハルモニたち皆で読んで感想を話し合い、文に残しました。徳子さんはお母さんの人生を思い出し、書きたい気持ちが抑えられなくなり、「今はこんな文章書くんじゃないですよね」と言いながら、一気にこの文を書きあげました。

妹さんふたりの死について聞いたのはこれがはじめてでした。徳子さんのお母さんは、愛情豊かな人でしたから、きっとこんな時代でなければ自分の人生を全うしたであろう薄幸の娘たちのことが愛おしくて、抱きしめたまま泣き続けたのでしょう。徳子さんは、今やっとお母さんのその時の気持ちがわかり、文に残せたことが「さびしいやらうれしいやら」なのです。

ひびきあう道のり

「自分のつまらない一生を人に話してもしかたがない」

そう口にしていたハルモニたちは、

識字学級に通う長い年月の中で少しずつ変わっていき、

語り部としてみずからの体験を色々な所で話すようになりました。

聞き手の反応にがっかりしたり、勇気づけられたりしながら、

彼女たちは語ることの意味を発見し、言葉にしてきました。

金《きむ》芳《ぱん》子《じゃ》

김방자

一九三一年、慶尚南道《きょんさんなむど》三千浦《さむちょんぽ》市に生まれる。五歳のとき、炭鉱に働きに来ていた父のいる山口県へ、母・弟とともに渡日。炭鉱で怪我を負い働けなくなった父に代わって、母と二人で一家の生活を守るために働き始めた。解放後、芳子さんの一家は貧しさのため帰国は叶わなかった。一六歳で結婚し、三人の息子を出産。二三歳のときに下関に移り住む。三三歳で早くに夫を亡くし、子ども三人を連れて食べていけなくなったため、弟を頼って東京へ。四〇代で妹の営む焼肉屋を手伝うために川崎に移り住み、以来六〇歳過ぎまで、焼肉屋の網洗い・皿洗い、パチンコ屋の従業員のための飯炊きなど、息子たちを育てるためにあちこちで働き続けた。

かたりべをする私のきもち

―金芳子

かたりべをする　私のきもち

金　芳子

このまえ、いあんふの人のえいがを
みました。としもあまりかわらない人の
つらいはなしはもうあまりききたく
ありません。
私は、たのまれればいやだけどいつもみんな
のまえでじぶんのこれまでのことをはなし
ます。むねのおくのほうにねかしてある

＊**いあんふの人の映画**…識字学級の教材として上映した、『15のときは戻らない～ナヌムの家のハルモニたちの証言～』（二〇一二年製作）のこと。ナヌムの家は、韓国・ソウル郊外にある、元「従軍慰安婦」の女性たちが共同生活を送る施設で、映画には女性たちの証言と日常の風景が収められている。

김방자

いやなことをむりやり思いだしてはなす
のはつらいです。
だから、はなしてもはんのうがなく、
なんにもかえしてくれなりと、はなさなきゃ
よかったと思います。
はんたいに、私のはなしをきいて、
わざわざドラヂ会のてつだいにきて
くれたときはとてもうれしかったです。
そんなときは、かんこくりょうりのこもおぼえて
かえってほしいと思って、おしえてあげます。
12月3日

ある年の夏、山口県の高校の先生方がふれあい館に研修に来て、その時、芳子さんたちが語り部として話をしました。芳子さんは、小野田炭鉱や萩森炭鉱、その後に移り住んだ厚狭《あさ》の街など、ローカルな話で盛りあがりとても感激していました。そして、その後先生方のお世話によって、二〇一〇年一月に萩森炭鉱を訪ねる旅が実現しました。

このように語り部活動を通して、新しい人との出会いがあり、新しい経験が色々できることを知っている芳子さんですが、やはり人前で「むねのおくのほうにねかしてあるいやなことをむりやり思いだしてはなすのはつらい」のです。

がんばるしかない

―金芳子

これまでいろいろはなしてきたけれど、はなしたあとで、うんでも、すんでも、ないからつまらないね。もうはなしたくないと思います。そのはんたいにたずねられるとおもいだしてこたえてあげるようにします。とおくからきたんだからがんばってこたえてあげると思う。げんばくをうけた人が日本人にはなすのと私らが、日本人にはなすのとわけがちがう。でものりかかったふねだものがんばるしかないね。

＊**「げんばくをうけた人が…」**…この日の識字学級では、朝日新聞に掲載された「被爆体験を語り続け二〇年」という八〇歳の被ばく者男性の投書を読んで話し合いを行った。被ばく者としての体験を後世に語り伝えることの重要性を実感し、体力の続く限り語り部活動を続けるつもりだ、という内容の投書だった。

김방자

新聞の投書を題材に、語り部活動への思いを書いてもらいました。芳子さんは元気な間は二〇年といわずやる覚悟です、と言ってから、「でも私らは他人の国へ来て色々あって、しかも貧乏暮らしで、そんな者が話を聞いてくれと言っても誰も聞いてはくれませんよ。普通の日本人が、突然降りかかってきた原爆の被害を訴えるのとわけが違います」と付け加えました。被ばく者の証言活動にも葛藤がないわけではないにしても、芳子さんが日本に来たことや貧乏な境遇に負い目を感じており、ずっと屈折した気持ちで語っていることを改めて知りました。自分のせいではないと開き直れない彼女の姿に、植民地支配の責任が曖昧にされてきた歪《ひず》みをみます。

「にあんちゃん」を見て

―金芳子

したの二人がかわいそうだった。おやがいなくてよそのうちにあずけられたべものがなくてよそのはたけの大こんをぬいてたべていた。ひもじくてまんびきしてたべないかとはらはらしてみていました。

にあんちゃんがいりここうじょうではたらいているのをみたら、あのおもたいものをかたにかけて、たかいとこへもっていくんだからじんじょうじゃないと思った。

おにいさんとおねえさんが、はたらきにいって、おかねもおくってこないみたいで、それも、むねがいたかった。

そのあと、にあんちゃんたちは、本がうれてがっこうにもいけて、

＊**「にあんちゃん」**…佐賀県の炭鉱を舞台に、両親を失った在日コリアンの四人の兄妹が助け合って生きる姿をつづった日記。著者は安本末子。一九五八年に出版されるやたちまちベストセラーになり、翌年には今村昌平監督の手で映画化された。「にあんちゃん」とは二番目の兄のこと。

くらしもおちついたということです。
でも、じぶんがとおってきたみちをかんがえるとそんなことがある
なんてしんじられません。いくらがんばってもはいあがれない人
ばっかりです。
にあんちゃんのようなはなしは天からほしをつかむようなもの、わ
たしらとはほどとおいはなしだと思った。

映画『にあんちゃん』を識字学級で観ました。そもそも、日記が先に書かれそれを題材に映画ができたという順序ですが、芳子さんは映画をドキュメンタリーのように感じ、にあんちゃんとその妹のくらしをハラハラしながら観て、「むねがいたかった」のです。

ふたりは後に本の売上げで学校にも行けて、それぞれのくらしができるようになったようですよと話しても、芳子さんは何度も何度も「そんな話は信じられない」と強く言い切ります。自分を含め、周りにはみずからの頑張りではどうにもならない負の連鎖から抜けだせない人ばかりだと。「天からほしをつかむようなはなし」という表現は彼女の心にあったものです。

わたしもじだいのいちぶです

——徐類順

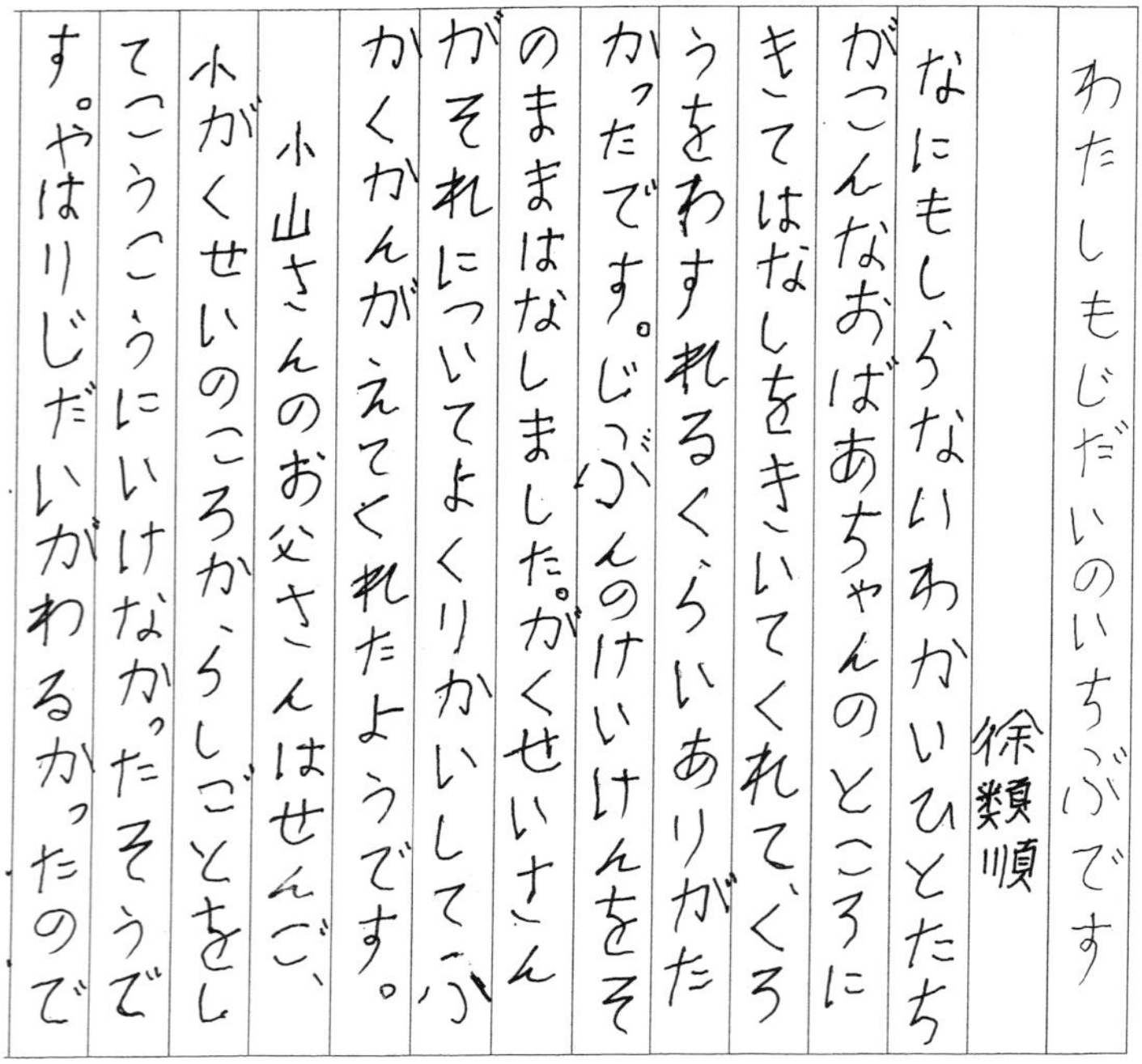

わたしもじだいのいちぶです

徐類順

なにもしらないわかいひとたちがこんなおばあちゃんのところにきてはなしをきいてくれて、くろうをわすれるくらいありがたかったです。じぶんのけいけんをそのままはなしました。がくせいさんがそれについてよくりかいしてふかくかんがえてくれたようです。

小山さんのお父さんはせんご、小がくせいのころから、しごとをしてこうこうにいけなかったそうです。やはりじだいがわるかったので

서유순

す。わたしもじだいのいちぶです。にほんごをはなせないことやさべつによるくろうも小山さんはかんがえてくれました。
むかし、いいしごとができずくろうしました。そのころにほんごをはなせなかったしかけなかったからです。それでもおやとにほんにきてなじんでいたのでこっちがよかったのです。わたしはいちどかえってまたきました。今はこきょうもだいぶかわってしまいがいこくみたいでくらせません。
これからは子どももまごもこっちですすめます。にほんはこきょうとおなじたとおもえます。

識字学級を見学に来た首都大学東京の学生さんのひとりが書いた感想文を読んだとき、この作文は生まれました。

ハルモニたちはいつも、「生まれた時代が悪かった。もっと、後の世に生まれていれば……」とみずからの不運を時代のせいにして、心の折り合いをつけています。小山さんのお父さんも、時代に翻弄され希望通りには生きられなかったことを知り、同世代の日本人にもそういう人がいると気づき「わたしもじだいのいちぶです」という言葉になったのだと思います。「わたしも」の「も」は、小山さんのお父さんに繋がる「も」であると同時に、自分の思い通りには生きられなかったすべての人に繋がる「も」なのでしょう。

特別寄稿

ハルモニたちの言葉と向き合う

石橋学

「あなた、ごはん食べたの。食べていきなさい」

こちらが返事をする間もなく立ち上がった尹乙植《ゆんうるしく》ハルモニは「こんなものしかないけれど」と言い添えながら、お盆を手に台所から戻ってきた。

白米に焼き鮭、お味噌汁、そして真っ赤なキムチ——。

四半世紀余り前のことなのに、ニンニクたっぷりのキムチと鮭の塩辛さにごはんがすすんだ記憶が舌の奥底に刻まれている。

恐縮するのは私の方だった。京浜工業地帯に接し、戦時中の強制連行の歴史に由来する朝鮮人集落、古びた木造平屋の自宅へ上がり込んでの取材、七三歳の口から語られたのは苦難の半生だったからだ。先立った夫は戦時中、兵隊として硫黄島に駆り出された。日本のために尽くし、日本人と同じ苦労を味わった。でも、戦後補償は受けられなかった。それどころか年金を手にすることもできない。

「孫に小遣いもあげられないようでは『おばあちゃん』とはいえないでしょう。せめて日本人並みの額になるよう、上乗せをお願いしたい」

国民年金の国籍条項が撤廃されたのは一九八二年のこと。在日コリアンも加入できるようになったものの、当時六〇歳以上だった一世たちは保険料納入期間を満たしていないという理由で対象外とされた。無年金の窮状を訴えるハルモニたちの声に地元自治体が設けた福祉給付金制度も、日本人のレベルにはほど遠かった。

すべては、植民地支配の責任を取るどころか朝鮮人から日本国籍を剥奪して無権利状態に追いやったこの国の戦後処理の問題である。不勉強な駆け出しの記者に恨み節の一つや二つをぶつけてもおかしくないのに、ハルモニの語り口はどこまでも淡々としていて、民族差別という辛酸をなめさせられたにもかかわらず、これまで受けた苦労を「日本人と同じ」と言い、得べかりし戦後補償を思えばより以上の手厚さでなければならない福祉を「せめて日本人並みに」と「お願い」する。昼ごはんまでごちそうしてくれたハルモニの振る舞いは、同じ境遇の者同士、気遣い支え合ってきた一世たちの生活史の一端をうかがわせ、同時に、彼ら彼女たちに諦めを強い、物申すことさえ許さない、なお続く差別の現実を生身の姿をして教えてくれたのだった。

自尊心を踏みにじられてきたハルモニたちの言葉はだから往々にして短い。思いを凝縮したひと言はしかし、核心を端的に浮かび上がらせ、聞く者は不意を突かれたように返す言葉を失う。

この春、病床に徐類順《そゆすん》ハルモニを訪ねたときもそうだった。

「私、あの世へ行ったら真っすぐ学校へ入るんだって思っています」

肉体労働で酷使してきた体が悲鳴を上げ、入院を余儀なくされていた九一歳の問わず語りに私は二の句が継げなかった。

二〇一八年四月、南北、米朝首脳会談を控え、朝鮮戦争の経験者であるハルモニに思いを聞くのが取材の目的だった。朝鮮半島に訪れようとしている和平に寄せる願いは「私は戦争、戦争ばかりだったから。子や孫に同じ苦労をしてほしくない」という言葉に端的に表れていた。ひとり幼子を抱き、砲火から逃げ回った当時を振り返る徐類順ハルモニはその瞬間、少女のような顔つきになって「お母さんがいたら頼ることができたのに……」と声を詰まらせた。

話はしかし、それで終わらなかった。日本から故郷に戻って間もなく病で亡くなった母への愛慕を涙ながらに語る同じ口から「恨み」が語られるのを目の当たりにし、私は愕然とした。

「せめて小学校くらい行かせてくれたらよかったのに、と恨んでいるの。字が分かれば馬鹿にもされず、いい仕事ができて、苦労せずに済んだと思って」

もちろん母のせいでも、時代のせいでもない。国を奪い、生身の人間を尊厳から根こそぎ奪った日本の植民地支配の結果にほかならない。なのに亡母への思いに煩悶を強いる倒錯。

私たちの国にはいま、過去の歴史をねじ曲げ、美化する言説までが跋扈《ばっこ》し、在日コリアンに対するヘイトスピーチが続く。ハルモニは桜本で戦争反対を訴えるデモに車いすで参加し、まちを襲ったヘイトデモの集団にもつえを付きながら抗議した一人だった。声を上げずにいられない思いの深さをどれだけ理解していたか。私たちは朝鮮の人々に、在日コリアンに何をし、何をしてこなかったのか。言葉を失うという反応こそは加害者としての自画像にいかに無知、無頓着であるかの証拠にほかならなかった。

「言ったらキリがないけど、言うしかないな。そういう立場だから。本当は辛いの。ふたをしているのに思い出してしゃべれば、今晩また寝られないよ」

これまで何度もマイクを握ってきた金芳子《きむぱんじゃ》ハルモニがそう切り出したのは二〇一八年一一月

一〇日、ふれあい館の開館三〇年を記念した公開講座「ハルモニとともに」でのことだった。やはり苦難の歩みの語り部役を引き受けた石日分《そくいるぶん》ハルモニがいて、識字の共同学習者、鈴木宏子さんが並んで座っている。長年寄り添ってきた社会福祉法人青丘社の三浦知人さんが作文を読み上げると、金芳子ハルモニが「学校へ行って、織りスカートがはきたかったの」と語りだす。

積年の思いは受け止めてもらえるという安心感があってはじめて言葉にすることができる。識字学級に始まり、在日高齢者サークル「トラヂの会」の日々と、桜本というまちが重ねてきた営みの尊さをあらためて感じさせる光景だった。ふれあい館の副館長、崔江以子さんも冒頭、「せっかく話したのに反応がなければハルモニはがっかりします。質疑応答で何を聞くかを考えておいてくださいね」と参加者に語り掛けるのを忘れなかった。

果たして「どんな仕事をしてきましたか」「まちの様子はどう変わりましたか」と質問の手は次々と挙がった。金芳子ハルモニはやはり短くひと言、しかし、その場の空気がそうさせたに違いないという、ちょっと誇らしげな響きで二度繰り返した。

「日記がね、今度本になるんだよ」

つづられてきた作文は確かに日記にも似て、その人が生きた証を記す個人史であり、そのまま私たちの歴史でもある。奪われた尊厳の回復は奪った者たちの手で果たされなければ、真の回復とは言えない。その取り返しのつかなさにたじろぎながら、応える言葉を紡ぎ、歴史を正して未来につなげてこそ、ハルモニたちの物語は完結する。

全体解説

途方もない〈余白〉をみつめて

康　潤伊

長い時間がかかるだろう。
なぜなら、生きることは語れないから、
ただ単に語るということではすまないから。
――トリン・T・ミンハ『女性・ネイティブ・他者』
（竹村和子訳、岩波書店）

文字を読み書くこと。現代の私たち識字者にとっては、あまりに当然の営みだ。スマートフォンをはじめとした携帯端末とSNSの普及によって、いつでもどこでも読み書き発信するツールを、私たちは手にした。もはや読むことはディスプレイとのにらめっこであり、書くことは指でディスプレイやボタンをたたく行為となっている。読む・書く行為がドラスティックに変化していく中でもなお依然としてゆるがないのは、社会における文字の優位性である。

文字を学ぶこととは、世界を認識することであるといえる。今日、日本語圏にいる私たちを取り巻くすべては、数字、漢字、ひらがな、カタカナが読めることを前提にしているからだ。そのため、世界を認識し社会に参与するためには、何よりも識字能力が求められる。現代社会において必須とさえいえる識字能力を身につけることを阻まれてきたのが、この本に登場するハルモニたちである。では、なぜ彼女たちは学ぶ機会を奪われてきたのか。端的にいえばそれは、民族差別、階級差別、性差別が複合的に作用しているためである。

日本によって朝鮮半島が植民地化されていたとき、朝鮮人は大日本帝国の一員であった。日本の敗戦で、朝鮮人は植民地支配から解放されたが、外国人登録令やサンフランシスコ講和条約によって一方的に「日本人」から除外された。こうして在日コリアンと呼ばれる人々が誕生したわけだが、重要なのは、植民地支配の清算がなされないまま、朝鮮人が「外国人」に繰り込まれ、国民に（のみ）恩恵を与える国民国家から排除されたことだ。

在日コリアンは、日本国民ではないとして、社会序列の最下層に追いやられ、行政からはもちろんのこと社会的・文化的な恩恵からも遠ざけられた。恩恵を受けられないと最下層から抜け出すことには相当の困難が伴う。このような悪循環によって在日コリアンは社会の周縁に固定化され、民族差別と階級差別がまじりあった差別構造が形成される[1]。

こうした構造の中で在日コリアンは自然と互助的コミュニティを形成したり、差別に反対する社会運動を行ったりするようになった。ここで団結のための求心点とされた「民族」は、儒教的男性中心主義を強く内面化していたが、民族性を守るという理念のもと、女性差別の問題は二の次にされた。要するに、日本社会の差別に対抗するという切実な要求があったからこそ、女性差別は温存されたのである。儒教的男性中心主義は、社会運動に参与しなかった人々の間にも根強かった。「女は勉強などせずに男性に従属していればよい」という女性差別は、子ども全員を学校に送る余裕のない貧困と相まって、男児には教育を、女児には家事と育児を、というかたちで表出した。

かくして、民族・階級・ジェンダーによる複合的な差別構造が形成される。そこでは、「女は「民族」を理由に否定されることから自由になろうとすれば、今度は女というジェンダーを理由に自己否定をよぎなくされていく」[2]。こうした差別構造を変革していくためには個としての自立や自己決定権の行使が重要だとしばしば主張されるが、この本に登場するハルモニたちにとってそれらを促すものが、識字にほかならない。

彼女たちが必要とする識字は、大多数の識字者が学校で段階的に身につける識字と異なっている。人々が社会で生活していくために必要不可欠とされる読み書き能力（例えば役所からの書類を理解する、書類で指示された仕事内容を理解する、買い物を難なくできるなど）を機能的リテラシーというが[3]、彼女たちに要請されるのはこうしたリテラシーである。この能力の養成は、成人非識字者の教育における目標とされてきた。成人非識字者の場合、学校教育の基準から「第何学年相当だ」と評価することにはあまり意味がない。それよりもその人が直面している生活課題を解決するために必要な読み書き能力の獲得が、より重要かつ切実な問題だからだ。

だが、ここで忘れてはならないのは、「基本的な生活能力」を得るためには識字が前提とされている点である。これを非識字者に対する暴力や差別そのものだと批判したのが、かどやひでのりである。

近代化・産業社会化の過程で、識字には「のぞましいもの」「達成すべきもの」という正の価値が、非識字には「克服・消滅させるべきもの」という負の価値があたえられ、この価値判断をうみだすイデオロギーにそって、社会はつくりかえられていく。（中略）非識字（者）の存在は、みえないもの、例外としてわすれさられ、さらには日本社会においてそうであるように、「あるはずのないもの」というおもいこみが社会を支配するようにすらなる。(4)

続いてかどやは、「非識字者の生存権・社会権は、よみかき能力が自明視される社会では、さまざまなかたちを取って侵害されている」とし、この事態を「非識字者差別」と呼んだ。こうした社会において、非識字者に識字を強要することは、当人たちの生活に寄り添うようでありながら、当人たちを識字優位の社会に従属させることを意味してしまう。現在の社会に潜んでいる暴力性・差別性を認識しつつ、当人たちのよりよい生活にとってどのような識字が求められるのかについて試行錯誤していくことが必要だといえよう。

ふれあい館の識字学級に通うハルモニたちが身につけようとするのは、日本語の機能的リテラシーである。だが、彼女たちは必ずしも朝鮮語やスペイン語、ポルトガル語の識字能力が高いわけではない。特に在日コリアンのハルモニたちの場合、朝鮮語の読み書きを習得する前に、旧宗主国の言語である日本語のリテラシーを獲得することについての疑問は当然浮かぶだろう。この点に問題を提起したのが山根実紀である。山根は、「かつては同化や抑圧の道具であった日本語の文字を習得し、それを書けば書

くほど、自民族の言葉を失う可能性」を指摘している。(5)

確かに、言語を学ぶことが特定の集団（この場合日本）に編成されることを意味する点は、在日外国人の識字教育を行う際、常に念頭に置いておかねばならないだろう。「国語」や「外国語」ということばが端的にあらわすように、言語は「国」と無関係ではいられないのだ。(6)

ハルモニたちが日本語で識字を目指すことを無前提に奨励することはできないが、朝鮮語の識字習得をより本質的な課題として掲げることにも疑問が残る。まして、この課題を彼女たちの学びにそのまま持ち込むことには慎重にならねばならない。なぜならそれは、非識字者であるハルモニたちの生活上の困難と、それを強いた背景とあまりにも乖離した〝高尚〟な議論だからだ。女性たちのよりよい生は、民族的自立や解放が優先される中で、ほとんど無視されてきたといってよい。「本来なら民族の言語を……」云々することは、こうした序列の再生産に陥る危険性すらある。

「春が私の心にきたようです」という一文がある。金文善さんが筆で書いた書である。文字を知ったことによる喜びを日本語で表したこの美しい文は、植民地主義からの解放や民族的自立を優先する視点からは、植民地支配を正当化するものとして批判の対象になってしまう。そうではなく、困難を強いられてきた日常生活の改善と、かたちに残る表現手段をはじめて獲得したことに対する喜びとしてとらえられるべきだろう。

もうひとつ、山根へのさらなる応答そして批判として、彼女たちの特徴的な日本語にも触れておこう。国民国家において言語は、学校で「正しく」教授されるものである。だから学校においては、「正しい」語句の用法や文法が教えられ、それを理解し使いこなすことが評価の基準になる。そこでは、個々人の使うオリジナルな表現や方言は矯正の対象となる。

一方、ハルモニたちの日本語はどうだろうか。各部に収めた手書きの作文写真を見てほしい。書かれている漢字は、時に「正しい」漢字ではなく、書き手独自の文字になっている。加えて、「おなじた」（一七九頁）、「そたてる」（六一頁）というように濁音がない場合もある。ほかにも、一部の拗音や促音、そして朝鮮語の音声にはない「つ」「ぜ」などを苦手とすることが多い。このように彼女たちの日本語は、第一言語である朝鮮語の影響を強く受けている。いわゆる「ちゃんぽん語」である。したがって「正しい」日本語とはいえない。

発音が「正しく」ないと、文字の学習にも苦戦する。彼女たちの日本語は、文字からではなく、耳に入ってくる音声で習得されたものだからだ。教育を介さず生活の必要に駆られて学んだ言語であるため、当然習得される語彙も生活的なものが多い。以前ふれあい館の識字学級で共同学習者をしていた作家・鷺沢萠《さぎさわめぐむ》は、「ゆっくり」という文字をうまく読むことができなかったハルモニが、それが普段自分の話す「ゆーぐり」のことだと気づいた瞬間の喜びを小説に書いている。[7]

こうした彼女たちの「正しく」ない日本語は、国民国家の規範の外にある。その意味で、ハルモニたちの言葉は、国家によって制定された国語の〈余白〉であるといえる。その〈余白〉は、変幻自在に〈本文〉を侵食し書き換えていく可能性を持っている――「正しい」日本語を相対化し、日本語のありかたを広げていくような可能性を。例えば「ゆーぐり」のほうが、動作が遅い様子をより的確に表現しているように思えないだろうか。

だが、彼女たちの日本語にも、「正しく」標準化された痕跡が見て取れることは付言しておかねばならないだろう。多くの作文が整えられた「です・ます」調で書かれていることもそのひとつである。これには、共同学習者が丁寧語で話しかけることや教材として読むものが丁寧語で書かれていることが影響しているが、ハルモニたち自身も、より丁寧な書き言葉で作文を残そうという意識があるようだ。つくりや偏を一画一画確認して書かれたと思しき漢字、何度も書き直された跡などからも、「正しい」漢字への志向性を読み取ることができる。

三九頁の文叙和さんの「そだったむらの思いで」には、「めじゅ」（味噌玉のこと。ハングルで메주）をもともと「めず」と書いていた跡がある。日本語の「ず」は朝鮮語にはない音声であるため、朝鮮語話者にとって、「ず」と「じゅ」の音の区別は容易ではない。叙和さんは東京生まれで九歳まで日本で暮らしており、今も日本語の発音に不自由はないが、解放後に帰国し言語環境の大きな変化を体験している。その変化によって、「ず」と「じゅ」の音の区別や表記に対する理解がゆらいだのかもしれない。メジュという言葉を「めず」と表記し、さらにそれを消して「正しい」表記に書き直すという経緯には、二つの言語を往還してきた者のゆらぎが、そして、それでもなお意識される「正しさ」への志向が刻印されている。メジュという言葉は日本語ではないが、否、ないからこそ、「正しい」日本語の規範に、ハルモニたちがどのようにとらわれていたかを読み取ることができるのである。

豊かなオーラル言語が、書く、あるいは学ぶという行為のもとに「正しく」矯正されてしまうという問題は、識字教育を行う最も根源的な目的――読み書きを学ぶこと――に不可避的にはらまれてしまう。だが、彼女たちの語りの魅力がなくなってしまうからといって、彼女たちがよりよい生活を送るための重要な鍵である識字教育をやめるわけにもいかない。ここに、リテラシーの獲得と言語をめぐる、解決困難な問題がある。重要なのは、オーラル言語をないがしろにすることなく、対話的関係を構築したうえで学習を進めることだろう(8)。ふれあい館の識字学級ではこうした関係性が構築されているとみてよい。ハルモニたちの語りに共同学習者が耳を傾け、いざ書くとなったときに「ハルモニ、さっきはこう言っていましたよね」と本人にフィードバックする。こうして、ハルモニたちの語りの魅力を損なわない作文が生み出されていくのである。

ここまで主に書くことの問題性を指摘してきたが、書くことには大きな意義もある。書くことは、世界を対象化しまなざすことである。もちろん書き手は、自身を取り巻く社会や文化から自由になれるわけではない。だが、その社会や文化に一方的にまなざされ意味づけられていた書き手が、それらをまなざし返す行為もまた、書くことによってなされるのだ。そこでは、主体としての「私」はわずかながらも取り戻され、既存の社会や国家のありかたに対抗的な言葉が紡ぎ出されている。その最も象徴的な例は、本書のタイトルにもなっている徐類順さんの言葉である。

「わたしもじだいのいちぶです」——なぜ「わたしも」という表現になったのだろうか。前の文をみると（一七八頁参照）類順さんは、時代や生家といった、自分では選択しようのない事柄に翻弄され思うように人生を送れなかった人々を、在日コリアンに限定せず広くとらえ、自分もまた「じだい」の被害者＝「いちぶ」であると位置づけたのだと考えられる。

だが日本人男性と、類順さんたち在日コリアン女性は、決して同列の「じだいのいちぶ」たりえない。それは、本稿で複合的な差別について述べてきたことによって示せていることと思う。彼女たちの「声」は相対的に小さい。だからこそ、彼女の「じだいのいちぶ」としての名乗りをどのように受け取るのかが問われているといえよう。

類順さんのこの言葉は、彼女が、戦いの勝者によって書かれる「大文字の歴史」から黙殺されてきたことの告発であると同時に、とにもかくにも生き抜いてきたことを誇るものでもあろう。みずからを何らかの言葉で名指し他者に開示するその瞬間、自身の生に対する理解が深まり、自己が再獲得されているのではないだろうか。この言葉を読む私たち読者は、その瞬間に立ち会っているのである。ここに書くことのもうひとつの意味が見出される。書くことは、言葉を「いま・ここ」ではない時空間へと拡張させていくことなのである。ちょうど彼女たちの言葉が、今この本を手に取っているあなたに届いているように。

この本を編む過程で、家族との軋轢を書いた作品は、出版による影響を考慮して掲載しなかった。また、別の配慮が必要な作品もあった。これに関してはそのまま掲載したが、解説でも深く立ち入らなかった。当然のことではあるがこの本は、出版という行為に要請される各種の配慮や編集などを経ている。結果的に、彼女たちのあふれるパワーと魅力の一端を示せているとは思う。だがそれは、ハルモニたちの人生や個性のほんの断片に過ぎないことは強調しておきたい。なぜかというと、ハルモニたちを癒しの存在として搾取することに強く抗したいためだ(9)。

似た例は、沖縄の高齢女性たちを、その人情味と個性の強さをクローズアップすることで、「癒しの島」沖縄の象徴とすることなどにもみられるだろう。こうした搾取は、彼女たちが人間的な温かさや懐の深さを身につけ（ざるを得なかっ）たのは、抑圧や差別からサヴァイヴするためだということをしばしば忘れさせる。すると、彼女たちの美点は個人の努力の成果として、苦労は自己責任として処理されてしまう。歴史の歪みをそのまま生きてきたかのような彼女たちが結果的に身につけた性質を個に帰結させることは、いうまでもなく歴史修正主義に加担することである。

先にハルモニたちの日本語が「正しい」日本語の〈余白〉だと述べたが、この本に収録された作文から浮かびあがる、もうひとつの〈余白〉について述べよう。この〈余白〉とは、書かれず、語られもしなかった無数の出来事のことである。ハルモニたちは、つらい体験を語りたがらない。語られず書かれもしなかった出来事は、誰ともわかち合われないまま彼女たちの心の奥底に沈殿している。記録にも記憶にも残らないその出来事は結果的に、歴史から抹消されてしまう。[10] ここで自省を含めて問いたいのは、この本で語られたハルモニたちの生は、十分に語り起こされたといえるだろうかということだ。

この問いには、否と答えざるを得ない。この本に収められた作文には、無数の〈余白〉、すなわち語られず書かれなかった出来事の確かな存在が刻印されている。例えば、文叙和さんが韓国でどのように暮らしていたのか、金道禮さんは生き別れた姉たちとどのように再会を果たしたのか。こうした〈余白〉へのアクセスは、「あの時のことはもういいです」（六二頁）などと唐突に打ち切られることによって遮断されてしまう。私たち読者に示されるのは確かに何かがあったというだけで、その先には何人たりとも到達できない。

こうして失われてしまった——つまり語られることも書かれることもないまま持ち主とともにこの世

を去った体験は、それこそ無数にある。ハルモニたちの心の中に、そして多くの女性たちの心の中に。彼女たちの高齢化は極限まで進んでいる。途方もなく、かつ失われつつある沈黙と体験を前に、私たちはただ茫然とするしかないのだろうか。

この問いへの私なりの答えとして、母方の祖母・朴花玉《ぱくふぁおく》のことを最後に書いておきたい。彼女もやはり非識字者だった。それを知ったのは、いつだったかある年の正月にもらったお年玉だった。ポチ袋に鉛筆で「お年玉」と書いてあり、その「年」の字が鏡文字になっていた。私は口をつぐんだ。より正確に言うなら、思考を停止させた。「ああ文字が書けないんだ」と、在日コリアンの歴史についてのおぼろげな知識を当てはめただけで、それ以上知ろうとしなかったのだ。

後年、それに民族差別だけでなく女性差別も複合的に作用していること、さらに、祖母が夜間中学に通いたいとずっと望んでいたが通えずじまいだったことを知った。こうしたことを知ったとき祖母は病に倒れすでに話ができる状態になかったため、「知るのが遅すぎた」と強く悔いた。「お年玉」という文字を書くのに、どれほどの時間がかかったのだろう。おそらく誰かに書いてもらったお手本を横目に、私の大好きだったこたつに入りながら、一字一字震える手で書いたのだろう。このイメージは想像に過ぎないのだが、強い悔恨とないまぜになって、これまでもこれからも頭から離れないだろう。

この本の編集協力を打診されたとき、識字学級に長年携わった人間でないにもかかわらず、逡巡はなかった。それが唯一私にできる彼女への応答だったからだ。その応答が一方通行で自己満足に過ぎないことを知りながら、悔恨を少しでも払拭したかったのかもしれない。また、祖母には聴覚が残っていたので、本ができたらハルモニたちの作文を読み聞かせてあげようと思ってもいた。だが、祖母はこの本の完成を待たずして昨夏逝った。またも私は「遅すぎた」ことになる。祖母の生について何も聞くことができなかった私にとって、彼女は大きな〈余白〉である。「遅すぎた」からこそ、〈余白〉を抱えてこの問題に関係し続けなさいという、祖母の遺言だと思うことにしている。

私はハルモニたちに長年寄り添ったわけでもなく、桜本で生活しているわけでもない。そうした私がこの本の制作に携わることになったのは、偶然のめぐりあわせというほかない。祖母のこともあり二つ返事で引き受けた話ではあったが、ハルモニたちの言葉を切り貼りし、テーマでくくって並べ直し、物知り顔で分析し解説する過程に葛藤がなかったとはいえない。編集や読みやすさへの配慮によって、削ぎ落とされたものが多いこともまた否定できない。

それでもこの本を編集し終えて思うのは、複合的な差別によって困難を強いられている人々の問題は、何度でも議論の俎上にのせられねばならないということだ。継続する植民地主義、国民国家の暴力性、複合的な差別――「まだその問題やってるの?」や「もういいよ」といった顔をこれまで何度も見てきたし、私自身、知れば知るほど絶望を禁じ得ないこともままある。「何度でも議論せねば」とは我ながらありふれた結論であるし、歴史修正主義や排外主義の蔓延によって「もういいよ」とすら言えなくなってきているのが昨今の情勢ではあるのだが、何度でも言うことに多少の意味はあると信じたい。

語られるべき出来事、語るべき人々は、まだこんなにもたくさんいる。だが、注視しない限り〈余白〉はただの空白でしかなく、そこにおりたたまれている豊かな物語を受け取ることなどできはしない。私は、〈余白〉に目をこらし続けたいと思う。

（1）朴和美「怒ってくれてありがとう――在日の女と男――」、『ほるもん文化』九号、二〇〇〇年、ほるもん文化編集委員会、一二一―一三頁。ほかにも、宋連玉「在日朝鮮人女性とは誰か」、岩崎稔・大川正彦・中野敏男・李孝徳編著『継続する植民地主義――ジェンダー／民族／人種／階級――』青弓社、二〇〇五年を参照した。

（2）鄭暎恵「開かれた家族に向かって――複合的アイデンティティと自己決定権――」『女性学年報』一五号、一九九四年、日本女性学研究会「女性学年報」編集委員会、九頁

（3）小柳正司『リテラシーの地平――読み書き能力の教育哲学――』大学教育出版、二〇一〇年、五〇頁

（4）かどやひでのり「識字運動の構造――同化主義・能力主義の再検討によるコミュニケーションのユニバーサルデザイン――」、『社会言語学』Ⅸ、「社会言語学」刊行会、二〇〇九年、一七頁

（5）山根実紀著、山根実紀論文集編集委員会編『オモニがうたう竹田の子守唄――在日朝鮮人女性の学びとポスト植民地問題――』インパクト出版会、二〇一七年、一〇二頁。なお、この著作には山根の別の論文が収められており、そこでは女性たちの「日本語の学びを単に「同化」指向と概括せずに教材に気を使ってきた」京都の識字教室の資料を扱っている（二四〇頁）。したがって山根も、日本語で機能的リテラシーを獲得することの意義や、女性たちの日本語のオリジナリティに目を向けてはいる。だが日本語を教える日本人教員たちに批判が向かっていることから、対象が変わっただけで、山根が日本語による学習に総じて批判的であることは一貫しているといえる。

（6）田中克彦『ことばと国家』岩波新書、一九八一年、一〇九頁

（7）鷺沢萠『私の話』河出書房新社、二〇〇二年、一四五頁

（8）パウロ・フレイレは、教育者と被教育者が対等に語り合う対話的関係が、識字教育において重要だと繰り返し述べている。フレイレ著、里見実・楠原彰・桧垣良子訳『伝達か対話か――関係変革の教育学――』亜紀書房、一九八二年（原著は一九六七年および六八年）

（9）山根実紀は、京都の識字教室の元教員への聞き取りから、「「癒し」の対象としての「包み込むオモニ（引用者注――識字を学ぶ女性たち）」像に依存すること」を批判している（前掲書二九一頁）。

(10) 金菱清は、三・一一の被災者がつらい体験にみずから蓋をしていると指摘し、そうした自己規制を解除する手段として書く行為が有効だと主張している(「ライティング・ヒストリーの展開——オーラル・ヒストリーの敗北宣言——」、『フォーラム現代社会学』一七号、二〇一八年、関西社会学会)。

おわりに

鈴木宏子

「ランドセルしょって学校へ！っていうのにずっと憧れてました。この歳でランドセルは無理だけど、一週間に二度勉強道具もって、字の勉強に行けるのは本当に嬉しい」

学校に行けなかったハルモニたちの、学校に対する強い思いは、年老いてもなお消えることはありません。こうした思いがあったからこそ、二〇〇四年にふれあい館の識字学級から分かれる形でハルモニたち独自の識字学級が設立されたとき、その名前は迷いなく「ウリハッキョ」（私たちの学校）に決まったのです。

その後、ハルモニと共同学習者は識字の場での学習のみならず、時には活動の場を外に広げ、いろいろな体験と幅広い学習を続けて今に至っています。

例えばその一つが、日本や韓国各地への学習旅行です。広島へ行って韓国人被ばく者の体験を聞いたことから、次の年には「韓国のヒロシマ」と呼ばれる陜川《はぷちょん》を訪問して被ばく者と交流しました。また、ハルモニの多くが体験した炭鉱労働について学ぼうと山口・九州の炭鉱跡（萩森炭鉱・筑豊）を訪ねたり、済州島《ちぇじゅど》へ旅行して四・三事件で理不尽な死に方をさせられた島民の話を聞いたりもしました。一つの旅行から、また次の学習内容が導き出されました。

沖縄へ行ったとき経験したことは強く心に焼き付いています。読谷村《よみたんそん》にある「恨之碑《はんのひ》」の前で手を合わせているとき、突然一人のハルモニが興奮して話し出しました。この碑は、沖縄戦当時に日本軍によって朝鮮半島から強制連行された軍夫や「慰安婦」らを慰霊するために建てられたもので、連行された男性が目隠しされ後ろ手に縛られている姿とその足元で男性にすがって悲しむ女性、そして男性に銃を振り上げる日本兵が刻まれています。ハルモニは「亡くなった主人は、一六歳のとき、朝鮮で映画鑑賞中に日本の警官に呼び出され、目隠しされ引き回されて日本に連れてこられたそうです。この碑を見たとたん、主人はこんな風にして日本に連れてこられたんだと思いました」と、ご主人のことを仲間の前で一気に話しました。それを聞いたハルモニの一人は、「彼女は思いもかけないところで、ご主人のことを話すことになったけれど後悔はしていないと思います。みんなに知ってもらって心が軽くなったと思います」と言い、仲間の背負ってきた過去を共有しようとする優しさを滲ませるのでした。

こんな風に、ハルモニたちは新しい体験を重ねる中で、その場の雰囲気に押されて、心の中に封印してきたことを突然話し始めたり、自分たちにかくも過酷な人生を強いたものは何だったのかに気付かされたりしていきました。共同学習者はそういった現場に数多く立ち会ってきましたが、常に「ハルモニたちが積極的だからこそ一緒に新しい体験ができ、出会いにも恵まれ、充実した学びをさせてもらえる」という気持ちで行動を共にしてきました。

＊＊＊

一方、伸びやかにおしゃべりをすることもハルモニたちにとって大事な時間の一つです。二〇一五年にウリハッキョは、「ウリマダン」（私たちの広場）に名前を改めました。ウリマダンで、ハルモニたちは「ねえ、字の勉強をする前にちょっと私のおしゃべりを聞いてもらえる?」と断って話し始め、それがみんなの共通話題になって盛り上がったりします。

ある日、黄徳子さんが「朝、テレビで台風接近で海岸に大波が打ち寄せているの見たんです。そしたら、束草《そっちょ》（徳子さんの郷里）で、妹や弟のためお金を稼がなくちゃいけなくて、いつもワカメ採りに行って、よく大波に足をすくわれそうになったのを思い出したの。大波がかぶさってきても両足でふんばって、ワカメをしっかり持って流されないようにするんです。生活のために頑張る気持ちがあったから、流されることはなかったですね」と話したことがありました。みんなは「あんたは、きょうだいのためにそんなこともしてきたんだね」と受けとめながら、「わたしらも、昔はヒジキやワカメを山のように採ってきて、干して生活の足しにしてたのに、今は採りに行かなくなったね」と応じたりします。

何を話してもわかってもらえるという安心感と連帯感があるので、どこで話すよりもウリマダンがよくて、ここではハルモニたちは伸びやかに個性を発揮します。

＊＊＊

こんなウリマダンに、この一年余の間に四人の新しいメンバーが加わるという嬉しい出来事がありました。彼女たちは以前から参加していたハルモニたちと世代は同じですが、日本あるいは朝鮮で、小学校を卒業したり、低学年まで通ったりしていて、漢字・かな交じり文の読み書きができます。

もし、もっと早い時期に彼女たちが入ってきていたら、字の読み書きができないハルモニたちは萎縮してしまい、はたして仲間として受け入れる許容力があっただろうかと思います。でもハルモニたちは、ひらがな中心の文で自分の考えや思いを十分書き記せるようになっていたので、新入生を快く受け入れることができました。同じような人生経験をしてきたハルモニたち同士、日本語能力に関係なく、どんなテーマで話しても心が通じ、話し合いを発展させていけるのです。

新入生のハルモニの一人は、「高齢になってからの文字学習という難題に真正面から取り組んでいる仲間に出会え、私も高齢を理由に努力を怠るのはだめだと励まされます」と言って、これまで識字学級で頑張ってきた仲間とその活動に敬意を払いつつ、毎週積極的に通って来ています。

＊　＊　＊

ともあれ、在日一世のハルモニたちはみんな歳をとりました。多くが八〇台後半から九〇歳を越える年齢になっています。この本に登場したハルモニたちの何人かは、すでにウリマダンに通って来られなくなっています。

本来なら、あなたたちはもう十分生きてきた、これからは心穏やかに休んでくださいと言いたいところですが、あなたたちを休ませてくれない要因が数々あります。容赦なく降りかかる汚らしいヘイトスピーチ、再び戦争への道を踏み出そうとしている日本、思ったほどには進展しない南北統一、そして足元を見れば自分はどういう形で人生最期の時を迎えるのかという大きな課題が待っています。「考えてもどうしようもないことをくよくよ悩まないで、みんなで心が晴れ晴れするようなことを考え、やっていきましょう。今日を力いっぱいやればいいじゃない！」とのハルモニたちの声が聞こえます。

そうです、ハルモニたちはわが身一つで、何の後ろ盾もなく何の弁解も許されない世界をしっかり生き抜いてきました。だから、その生き方は潔く、ここぞというときには人に優しく、人の痛みに寄り添うことができます。識字の場でハルモニたちのそんな素敵な姿をたくさん見てきました。これまで通りの活動スタイルが無理でも、長い時をかけて築き上げてきたウリマダンという居場所に、あなたたちの優しい笑顔があることが学びの活力を運んでくれるのです。これからもハルモニと共同学習者、共にウリマダンに集っていい時を過ごしましょう。

＊＊＊

この度、ハルモニたちが書きつづってきた多くの作文がこんな素敵な本になりました。その裏には、ハルモニの頑張りを支え励ましてきた共同学習者たちの存在があります。天明克夫さん、太田陽子さん、橋本みゆきさん、金恵玉さん、金正姫さん、丹野清人さん、三浦知人さん、そして先輩格の原千代子さんたちは、識字学級の活動を共にしてきた仲間です。本の表題の「わたしもじだいのいちぶです」という言葉は徐類順さんと太田陽子さんとの学習の中で生まれたものです。もちろん、識字学級の活動は、ふれあい館の幅広い活動に支えられてきたことを抜きには語れません。

また、ハルモニたちが絵を描く喜びを手にすることができたのは、松本キミ子さんの「キミ子方式」に出会えたからです。

大八木宏武さんにはたくさんの写真を撮っていただきました。

磯部涼さん、温又柔さんが本の帯に推薦文を書いてくださいました。ハルモニと共に、あらたな支援者を得たことを喜んでいます。

最後になりましたが、若い研究者・康潤伊さんと編集者・吉田守伸さんお二人の熱い思いなくしてこの本の発行はあり得なかったことを申し添えます。

この本は、クラウドファンディングで集めたお金によって製作されました。予想を超えるたくさんの方々が、励ましの言葉と共に支援をしてくださいました。また、ふれあい館の崔江以子さんの尽力で、北原みのりさん、姜信子さん、関田寛雄さん、深沢潮さん、辛淑玉さん、李信恵さん、金聖雄さんから思いのこもった応援メッセージを送っていただき、目標額達成の大きな後押しになりました。皆さんの「ハルモニの声を聞ける本を楽しみにしています」という期待を後押しにして、刊行まで漕ぎつけることができました。この本に関心を寄せてくださっているすべての方々に感謝しつつ、この本の主役であるハルモニたちの生き様が多くの人々の心に届きますようにと祈っています。

執筆者プロフィール

編著者

康　潤伊（かん・ゆに）
日本学術振興会特別研究員 PD。専門は在日朝鮮人文学、日本近現代文学。主な業績は「断章（ピース）のゲーム―崔実『ジニのパズル』論―」（『日本文学』67 巻 2 号、2018 年 2 月）、「柳美里『8 月の果て』における非 -「本名」」（『昭和文学研究』74 集、2017 年 3 月）等。

鈴木宏子（すずき・ひろこ）
ふれあい館高齢者識字学級の共同学習者。世の中の間違ったことにはおかしいと言い、楽しいことはうんと楽しみ、ハルモニに導かれて過ごした日々は、いいものだった。いま少し、ハルモニと一緒にやっていけるかと思っている。

丹野清人（たんの・きよと）
東京都立大学人文社会学部教員。共著に『顔の見えない定住化』（名古屋大学出版会、2005 年）、単著に『越境する雇用システムと外国人労働者』（東京大学出版会、2007 年）、『国籍の境界を考える』（吉田書店、2013 年）、『「外国人の人権」の社会学』（吉田書店、2018 年）等。

寄稿

三浦知人（みうら・ともひと）
差別をなくし、共に生きる地域活動を推進する社会福祉法人青丘社理事長。2010 ～ 2014 年にふれあい館の館長を務めた。

石橋　学（いしばし・がく）
神奈川新聞社川崎総局編集委員。1994 年入社。川崎総局勤務、報道部デスク、論説委員などを経て 2018 年から現職。在日コリアンの人権問題を皮切りにヘイトスピーチ問題を取材。共著に『ヘイトデモをとめた街―川崎・桜本の人びと』（現代思潮新社、2016 年）、『時代の正体―権力はかくも暴走する』（現代思潮新社、2015 年）。

写真

大八木宏武（おおやぎ・ひろたけ）
株式会社都恋堂（制作会社）に所属しているカメラマン。WEB や雑誌媒体、広告などにて幅広いジャンルの撮影をこなす。桜本に通って 10 年近く、ハルモニたちを撮らせてもらう度に、様々なことに気づかされ、刺激を受けている。

本書はMotion Galleryのクラウドファンディングで調達した資金によって製作されました。2018年5月26日から7月24日にかけて支援を募り、合計200名以上の方からご支援をいただきました。皆さまのご支援なしに、この本を世に送り出すことはできませんでした。ここに厚く御礼申し上げます。

＊ご支援をいただいた皆さま（３万円以上）

江原（武田）顕
ラウ伯父
平賀正彦
三浦知人
笑顔プロジェクト 渥美 明
久保あつこ
小松朱実
平　浩一
今川かおる
キミコ・プラン・ドウ　松本一郎
中野佳子
伊藤大介
おおこし たかこ
狐
江口怜
LOVE PIECE CLUB
風巻浩（かながわ開発教育センター／聖心女子大学／首都大学東京）
フィリピン・ペルー食材の店 パン工房 andante
（敬称略、順不同）

『わたしもじだいのいちぶです』刊行委員会

康潤伊
鈴木宏子
丹野清人
三浦知人
大八木宏武
崔江以子
吉田守伸

わたしもじだいのいちぶです

川崎《かわさき》桜本《さくらもと》・ハルモニたちがつづった生活史《せいかつし》

発行日　2019年1月30日　第1版第1刷発行
　　　　2024年7月30日　第1版第3刷発行

編著者　康潤伊《かんゆに》・鈴木宏子《すずきひろこ》・丹野清人《たんのきよと》
企　画　『わたしもじだいのいちぶです』刊行委員会
発行所　株式会社 日本評論社
　　　　〒170-8474　東京都豊島区南大塚3-12-4
　　　　電話　03-3987-8621（販売）　03-3987-8592（編集）
　　　　振替 00100-3-16

印刷所　精興社
製本所　難波製本
本文・口絵・装丁写真　大八木宏武
装丁デザイン　　　　　渡邊民人（TYPEFACE）
本文デザイン・DTP　清水真理子（TYPEFACE）

ISBN 978-4-535-58728-1　Printed in Japan